次世代リーダー脳

世界の先人たちに学ぶ

山元賢治
Kenji Yamamoto

発行・日刊現代　発売・講談社

はじめに

新型コロナウイルスの影響で、世界は大きく変わりました。働き方や住まい方から、人生における成功や幸せの定義まで、根本的なゲームチェンジが起こったと言って過言ではないでしょう。

それ以外にも、ウクライナ紛争など地政学リスクによる物価高騰や、ＣｈａｔＧＰＴをはじめとするＡＩのめまぐるしい発展など、私たちのビジネスと生活を一変させる出来事が次々に起こっています。変化のスピードはどんどん加速しており、数年後の世界はまったくの別ものになっているかもしれません。

個人であれ企業であれ、そんな時代をたくましく生き残るためのキーワードは、「柔軟性」でしょう。

どんな変化もポジティブに捉え、時代のニーズを読みながら、柔軟に対応していく。もちろんその際には、自分／自社ならではの付加価値をつくることを忘れない――。

そんな個人・企業なら、世界がどう変わり、誰と・どんな仕事をすることになっても、決して困ることはないはずです。

私は日本オラクルや日本ＩＢＭなどといった外資系企業に勤務したのち、スティーブ・ジョブズから声をかけてもらい、２００４年よりアップル・ジャパンの代表取締役を務めました。

若いみなさんはご存じないかもしれませんが、２００４年と言えば、アップルがどん底だった頃です。そこから、iPodの立ち上げやiPhoneの発売にかかわり、日本国内の最高責任者として、アップルの復活を間近で目撃しました。

現在は株式会社コミュニカのＣＴＯ兼創設者として、これまでの経験をもとに、リーダーの育成や英語教育に注力しています。

本書は、私が以前上梓した『成功する人の考え方』（Kindle版）をアップデートする形で執筆しました。これからのリーダーに向けたメッセージを「仕事への情熱」「コミュニケーション」「マネジメント」「思考・直感」の４つの章に分けて語っています。

本書の特徴として、一つひとつの項目を読み切り型にしたことが挙げられます。「忙しいリーダーに、ちょっとしたスキマ時間に読んでもらいたい」と思ったからです。最初の項から順に読んでもらってもかまいませんし、パラパラと眺めて気になった項や、自分にとって必要だと感じた項から読んでもいいでしょう。

さらに、それぞれの項には、著名なリーダーたちの名言を付しました。

私はこれまでビジネスの最前線で、目の前のお客さまや商品に向き合うなかで、自分なりの成功哲学を見いだしてきました。ですが後になって振り返ると、**自分が見いだした傾向や法則、理想のリーダーのあり方などは、時代や言葉は違えど、既に先人によって語られ、実現されているものだということに気づいたのです。**

たとえば、私をアップルに引き込んだスティーブ・ジョブズは、言わずと知れたプレゼンテーションの名人です。聴衆をワクワクさせ、アップル製品をほしいと思わせる。そんな空気づくりが天才的に上手でした。

彼のようなリーダーシップを発揮してきた人物は、いつの時代にも存在しています。人類の歩みの中で、リーダーシップの本質は不変のものなのでしょう。

変化の激しい時代であっても、過去から未来までずっと変わらない本質がある。

そこに共通する考え方を整理して、これからを生きるみなさんの参考にしてもらえたら……そんな願いを込めて、今回筆をとりました。私自身の経験談や、スティーブ・ジョブズのエピソードなども紹介しています。

リーダーのみなさんのヒントになれば、著者としてこれ以上の喜びはありません。

第1章
覚悟ある人だけが報われる
――「仕事への情熱」

CONTENTS

第2章

自分だけでは事を成せない
――「コミュニケーション」

第3章

人の上に立つ人の心がまえ
――「マネジメント」

第4章

生き方が人生をつくる
――「思考・直感」

第1章

覚悟ある人だけが報われる
「仕事への情熱」

仕事の成果は「情熱」で決まる

自分の人生で何か大きなことを
成し遂げたいのであれば、
みなさんが就職先として選んだ道を
本当に好きになってください。
みなさんの仕事に
情熱を注いでください。

スティーブ・ジョブズ
〔アップル創業者〕

あなたは、自分の仕事が好きでしょうか。誇りや情熱を持って取り組めているでしょうか。

この質問に「イエス」と即答できているなら幸運です。今の仕事に情熱を注ぎ続けてください。必ずや成功するでしょう。

しかし今の日本に、そんな幸運な人はほとんどいないのではないでしょうか。

実際、大企業の新入社員のうち3割以上の人が3年以内に退職しているというデータがあります。大企業の社員に限らず、若者の大半は「なんとなく今の仕事を続けている」「そもそも自分の好きなことが見つからない」という状態なのでしょう。

前ページの言葉は、アップル創業者のスティーブ・ジョブズが2006年、スタンフォード大学の卒業生に向けて残した言葉です。私がアップル・ジャパンの社長だったとき、ジョブズの姿を間近で見ていましたが、私は彼ほど仕事に情熱を抱いている人を見たことがありません。

もしあなたが今の仕事に情熱を注げていないなら、いったん立ち止まって考えてみてください。

・なぜ、今の仕事に情熱を持って取り組めていないのでしょうか？
・心から好きと言えることは何ですか。何をしているときが一番楽しいですか？
・あなたにとって「情熱を注げる仕事」とはどんなものですか？

「そんなのわからないよ……」と悩んでしまう人もいるかもしれませんが、**その答えを導き出せるのはこの世界でたった一人、あなただけです。**時間がかかってもいいので、自分の大切な価値観とじっくり向き合ってみてください。情熱を注げる対象を見つけた人とそうでない人の人生には、やがて大きな差が出ます。すぐには見つからないかもしれませんが、仕事や趣味、人との出会いを通じて、いつかカチッとはまるような瞬間がやってくるでしょう。

仕事に誇りと愛情、そして情熱を持つことが、成功への最短ルートです。

自分の仕事や勤めている会社に誇りを持ちましょう。仕事を愛しましょう。常に情熱的に、前向きに仕事に取り組みましょう。**リーダーの立場にある人は、「自分はこの仕**

事が好きだ」「仕事に情熱を燃やしている」と、他のメンバーに宣言してください。

今の仕事でそれが叶わないなら、誇りと愛情、そして情熱を持って取り組める仕事を探すことを諦めてはいけません。常に情熱的で、仕事に夢や目標を持っている人は輝いていますし、上司や同僚、取引先から信頼され、どんな困難にぶつかっても克服できるものです。また、情熱的な仕事は、誰かを喜ばせたり、幸せにしたりすることができるでしょう。

自分を開発し、
発展していくためには、
他人と同じ考え、
同じ行動をしてはならない

盛田昭夫
〔ソニー共同創業者〕

仕事で生き抜くために一番大切なスキルは何でしょうか。職種や職位によって、さまざまな回答が出てくるはずです。

・コミュニケーション力
・営業力
・プレゼンテーション力
・マネジメント力
・ITスキル

では、あなたはこうしたスキルを身につけようと努力していますか。
学生のときは、学校の先生が教科書や参考書を指定してくれ、それさえしっかり勉強しておけば、進学できたり社会に出られたりしました。社会人になった今、思い返せば、本当にラクな世界でしたよね。

一方、社会に出ると、どの本を読むか、どの先輩から学ぶか、どのスキルを身につけるかなど、**自分の仕事や人生をデザインするのはすべて自分自身です。**

新人の頃はまだしも、リーダーになるとなおのこと、「この本さえ読めば、チームの目標を達成できる」「この先輩のマネジメント手法をマネすれば、部下がついてくる」なんて簡単な方程式は存在しません。自分の頭で考え、自ら行動することこそが、成功への近道となるのです。

さらに「VUCA（※）」と呼ばれる先行きが見えない現代において、必要なスキルは瞬く間に変わっていきます。新入社員は基本的なコミュニケーション力やITスキル、中堅になったらプレゼン力や仕事の推進力を磨くべき……。こうした過去の常識はこれからどんどん通用しなくなります。

今の自分にどんなスキルが必要で、そのスキルをいつ、どのように獲得するかは、自ら考え、選択するしかありません。「自分はいいや」「まだ必要ない」などと考えていると、**努力している人との間に大きな差がついてきます。**

他の人と同じように「なんとなく」「漫然と」日々を過ごしているようでは、いつの間にか時代に取り残されてしまうでしょう。特にリーダークラスであれば、自ら学び、リスキリング（学び直し）することが必須です。

まずは「自分はどうなりたいのか」という目標を立てること。そしてそれを実現するために、何を・いつ・どのように学ぶのかをデザインすること。この2つができる人こそ、進化を続けられます。**高い目標を持ち、自分磨きを怠らなければ、部下やメンバーがついてくるリーダーになれるでしょう。**

※VUCA……「Volatility（変動性）」「Uncertainty（不確実性）」「Complexity（複雑性）」「Ambiguity（曖昧性）」の略。将来の予測が困難な現代の状況を表す言葉。

成功が努力より先にくるのは
辞書の中だけだ

ヴィダル・サスーン
〔ヴィダルサスーン創業者〕

「文系だから数字やＩＴに弱くて……」
「理系だから英語が苦手なんです」
「引っ込み思案だから人前で話す仕事は他の方にお願いできませんか？」
「センスがないから、きれいな資料が作れなくて……」

こんなふうに、「〇〇だから××ができなくて当然」と言い訳をする癖がついている人は多くいます。特に多いのは「理系だから」「文系だから」。あなたのまわりにも、こんな言い訳をする人はいませんか？

でも、社会人としてお給料をもらっているなら、こんな言い訳は通用しません。

理系であっても必要に応じて英語で情報収集・情報発信しなければなりませんし、文系であっても目標数字を見据えて行動することは必須です。また、最新テクノロジーにも明るくなくては社会を生き抜いていけません。

「〇〇だから××」と言い訳をしていると、会社やチームメンバーの足を引っ張ることになるでしょう。

特にこれからの時代、文系・理系問わず、次のスキル・知識は必須です。

・英語を使いこなすスキル
・人前で話し、相手を動かすスキル
・数字を活用するスキル
・ITスキル
・テクノロジーの知識

さて、ここまで読んでどのように感じたでしょうか？

「そうは言っても、時間がないから勉強なんて無理」

「自分には向いていないと思う」

「今の仕事では使わないスキルだから」

と思った人は要注意。また言い訳をして「残念な人」になっています。


残念な人は、常に努力をしないための言い訳を探し回り、努力しない仲間と過ごして安心しています。一方、**成功する人は言い訳をせず、自分に必要なスキルを特定し、必**

死に勉強します。そうした姿勢を部下にも示し、チーム全体に学ぶ文化を醸成します。

リーダーとして忙しい毎日を送る中で、勉強を続けるのは決して簡単なことではありません。しかしビジネスの世界で生き残りたいなら、何歳になっても学び続けましょう。**常に自分を磨くからこそ、激しい変化に振り落とされることなく、立派なリーダーでいられるのです。**今はつらくても、学び続けた先にはすばらしい景色が待っているはずです。

勝者は嵐を生き延びた者ではなく、
ゲームのルールを変えた者だ

サミュエル・J・パルミサーノ
〔IBM元会長兼CEO〕

「イノベーション」「イノベーター」「イノベーティブ」。日本ではよくこのような言葉を耳にします。それほど、イノベーションの重要性が浸透しつつあるのでしょう。

一方、アメリカでは、このような言葉を聞く機会が減ってきたように思います。イノベーションという言葉に〝今さら感〟を覚えるほど、新しいものを創り出すことに価値が置かれているのでしょう。他人の真似ではなく、新しいものを創り出したい。業界の中心に身を置き、自らが業界の未来をつくりたい――。そんな空気をひしひしと感じます。

私が在籍していたアップルは、みなさんもご存じの通り、ユニークなソリューションや製品を提案することに定評がある会社です。その代表作の一つがiPhoneです。画期的な発明でしたが、もはやスマートフォンのない世界など想像もできないでしょう。そんな世界を作り上げたのは紛れもなくアップルです。

アップルは今もスマートフォンの未来の中心にいます。スマートフォンを作っている会社は、「アップルは今後どのような戦略を打ち出してくるのか？」「画面サイズはどう変わるのか？」「どんな新しい機能が生まれるのか？」と考えをめぐらせ、戦々恐々としているでしょう。

みなさんは、イノベーションやイノベーターというと、どのような日本製品を思い浮かべるでしょうか。

私にとって最もイノベーティブな日本製品は、ソニーの盛田さんが開発したウォークマンです。音楽を持ち運ぶという新しい発明には、大きな驚きと感動を覚えたものです。

アップルやソニーのように、**業界のど真ん中、ビジネスのど真ん中を走り続けるというのは、本当にワクワクして、楽しいことです。**

みなさんはこの先、世界をあっと驚かせるようなビジネスの中心になる人でしょうか。それとも、今あるビジネスを淡々と守り続けていく人でしょうか。もしくは、今あるビジネスや製品をほんの少しずつ修正・変更しながら新しいビジネスモデルを作っていく人でしょうか。

どんなビジネスライフを目指したいのか、ぜひ一度考えてみてください。

もしビジネスの中心に身を置きたいなら、現状に満足することなく、文化・文明を創り出してやるという気概を持ち、常に創造的なことに頭をめぐらせておくべきです。

成功の本当の秘訣は熱心さである

ウォルター・クライスラー
〔クライスラー創業者〕

仕事と時間の関係について考えてみましょう。
たとえば、9時から17時までオフィスにいるとして、どれくらいの時間、仕事に集中していられるでしょうか。デスクにはいるけど、コーヒーを飲んで同僚とおしゃべりしているだけ。パソコンに向かってはいるものの、プライベートの調べものをしている……ということもあるはずです。

これではまったく成果につながりません。**仕事においては、パソコンに向かっている時間の長短よりも、「どれだけ自分の頭を集中させているか」のほうが大事なのです。**

結果重視（Result Driven）で仕事をしていると、どの場所・どの時間に仕事をしていても関係ありません。カフェでコーヒーを飲みながらでも、ジムのランニングマシンの上でも、お風呂に入りながらでも、飛行機や新幹線で移動をしているときでも、仕事は進められるでしょう。パソコンを開かずとも、頭の中で企画案を練ったり、仕事の段取りをしたりすることも可能です。

「会社にいる時間」ではなく「出した成果」が重要なのですから、自分が集中できる時間帯、タイミングで仕事をすればいいのです。働き方改革が進み、会社にいなくても仕事ができる時代だからこそ、拘束時間や働く場所よりも、「より生産性が上がるスタイル」を優先しましょう。

仕事に情熱を注いでいるなら、ずっと仕事のことを考えていても苦痛にはならないでしょう。食事をしているとき、ベッドに入って寝ようとした瞬間、運転中、満員電車に揺られているとき……ずっと仕事のことを考えていると、ふとしたときに新しいアイデアが浮かんできます。アイデアが浮かべば浮かぶほど、成果が上がり、さらに仕事に情熱を注げるようになるはずです。**四六時中つい考えてしまうくらい、情熱を燃やせる仕事に出会えたらすばらしいですよね。**

私にも経験があります。大切な家族との食事の時間中に箸を持つ手が止まっていたり、家族に話しかけられているのに返答もできないぐらい、仕事のことを考えていたり……。頭の中は24時間仕事のことでいっぱい。雇われ社長のときよりも、実際に自分の会社を設立して会社の運営をするようになって、よりその傾向が強まってきました。

当事者意識を持ち、本気で仕事に取り組んでいれば、完全にオン・オフを切り分けられないのは当然のこと。**時間や場所に関係なく、常に仕事のことが頭の中にあるからこそ、アンテナが研ぎ澄まされ、目で見たすべてのものからヒントが得られるのです。**

寝ても覚めても、ふと気づけば仕事のことを考えている。誰と話していても、最後には仕事の話になる……そんなふうになれたら、あなたもリーダーとしてさらに一歩先のフェーズに進めるでしょう。

顧客に求められたら
決してノーと言ってはいけない。
相手が月をほしがったとしてもだ

セザール・リッツ
〔リッツ創業者〕

「プロと聞いて、誰を思い浮かべますか?」と尋ねると、多くの人はプロスポーツ選手を挙げます。イチロー選手、大谷翔平選手、中田英寿選手、本田圭佑選手……。どうやら多くの方が、プロ=特殊技能を持った人であって、一般人である自分たちとは違うタイプの人だと思っているようです。

しかし、プロとアマチュアの違いは、特殊技能の有無ではありません。**「対価をいただくかどうか」**です。

会社から給料をもらっているのであれば、あなたもプロ。どんな職業であれ、対価を受け取ったのであればプロの仲間入りなのです。まずはその点を認識してください。

日本には「サラリーマン」「サラリーウーマン」という不思議な言葉がありますね。9時にオフィスに到着して、17時に退社する。必ずしも成果を生み出さなくても、所定の時間、仕事をしていれば給料がもらえる。ひどい人だと、「私の時間を会社に売っているのだから、その分、給料をもらえるのです」と言う人もいます。

リーダーであれば、こうした幼稚な考え方からは卒業しましょう。**プロとして、対価**

に見合うだけの成果を提供してほしいと思います。

野球選手であれば、以下のような点に対して対価が支払われるでしょう。

・速く走れる
・打率が高い
・長距離を飛ばせる
・ホームランが打てる

ではあなたは、何に対して対価をいただいていますか？

・売り上げノルマを安定的に達成している
・部下をマネジメントし、成長に導いている
・取引先との調整が得意
・Ｗｅｂマーケティングで自社のサイトに集客している

自分はどんな世界の、どんな技術の、どんなスキルのプロなのか。**少なくとも3つ以上は、自分が会社に貢献している点を挙げられるようになってください。**

定時まで仕事をしていれば、相応の対価は受け取れるかもしれません。ですがそれでは、一向に成長しません。**自分の立ち位置を確認し、自分は何のプロなのか、常に問いかけましょう。**お客さまからいただく対価の重みを感じてください。そして、プロとしてのスキルや知識に磨きをかけ、精進しましょう。

孤独な者は、もっとも強い

五島慶太
〔東急グループ創立者〕

みなさんはどんなときにプレッシャーを感じますか？

・期末や期初
・高い目標を与えられたとき
・部下が増えたとき
・新しいお客さまとの取引が始まるとき
・プロジェクトの進捗が思わしくないとき
・部下の目標達成が厳しいとき
・納期に間に合いそうにないとき

こうして考えてみると、仕事のほとんどすべての場面で、リーダーはプレッシャーを感じているのではないでしょうか。

私がアップル・ジャパンの社長だったときも、まさに嵐の連続でした。よくもまあ、こんなに頭を悩ませる問題が連続して発生するものだと感じていました。ベッドに入ってもなかなか寝つけず、やっと寝たと思うと夢の中でも仕事をしている……そんな日々でした。

リーダーとして会社やチームを率いていく以上、プレッシャーから逃れることはできません。ならば、プレッシャーとうまく付き合う方法を考えましょう。

プレッシャー＝つらいものと考えると、ますます自分に重圧がかかってきます。だから、プレッシャーに追い立てられたときには**「プレッシャーのない仕事なんてあり得ない」と考えるようにしてみてください**。

特にリーダーの仕事は、イヤなことや逃げ出したくなるようなことと対峙して解決していくことです。だから、部下と比べると多くの給料がもらえるし、社会的地位も高いのです。そう考えれば、プレッシャーが日常になり、精神的にラクになるかもしれません。

できるリーダーは、自らにプレッシャーを課し、それを糧に成長していきます。大変なことやイヤなことを後回しにせず、上司や部下のせいにすることもなく、正面突破で向き合いましょう。**プレッシャーとうまく付き合い、どんな状況も楽しめるようになれ**

ば、あなたは超一流のリーダーです。

ただし、自分を守るために、ストレスを抱え込みすぎないこと。プレッシャーがストレスになり、「どうして自分だけ……」と思うようになると、あなた自身が壊れてしまいかねません。プレッシャーがストレスに変わる前に対処してください。

「そんな馬鹿なことはできない」と
誰もが思うことならば、
競争相手はほとんどいない

ラリー・ペイジ
〔グーグル共同創業者〕

優秀な人であればあるほど、やりたいことも、できることもたくさんあると思います。いろんなことに挑戦して、それがさらに枝分かれしてやりたいこと、やらなければならないことがたくさん広がっていくでしょう。

私も長い間生きてきましたが、時間には常に頭を悩ませています。どんなに一生懸命、謙虚に頑張っても、時間は無慈悲に、そして冷酷に過ぎ去っていきます。やりたいことはたくさんあるのに、1日24時間、1年365日ではまったく足りないように感じます。

学生さんを対象にした講演で最も多い質問は、「やりたいことがたくさんありすぎて、どうしていいかわかりません」です。もしかしたら、読者のみなさんも同じようなことで悩んでいるかもしれませんね。「やりたいこと、やらなければいけないことがたくさんあるのに、時間が足りません」と。

この質問を受けたときに私が話すのは、「**やりたいことがすべて中途半端だとすれば、プロとして一人前にはなれない**」ということです。

やりたいことがたくさんあるのはいいことです。

ただし、お客さまから対価をいただいて、プロとして活動するのであれば、まず何か一つの道を極める必要があります。あれもこれもと目移りするかもしれませんが、**勇気を持って一つに絞りましょう。**その一つに集中すれば、おのずと成果は出ます。ある程度その道を極めたら、別の道に歩き出してもいいでしょう。この引き算ができない人は意外と多いものです。

あなたには今、目標がありますか？　目標を達成するために時間をつくる必要があるとしたら、どの時間を削減しますか？

・仕事の仕方を変え、ムダな時間を削減する
・趣味の時間を削り、時間を生み出す
・会社の近くに引っ越し、通勤時間を減らす
・気が乗らない飲み会には参加しないと決める
・時短家電を導入し、家事の負担を小さくする

「あれも、これも」と欲張りたくなる気持ちはわかりますが、時間は有限ですから、足

し算だけではうまくいくはずがありません。**本当に達成したい目的があるのなら、何かを犠牲にしてでも、その目的に全力投球しましょう。**

そうすれば「やりたいことがありすぎる」「どれもこれもうまくいかない」とクヨクヨ悩んでいる時間も削れるはずです。

仕事をあきらめてはいけない。
最後のひと押しが成否を決めるのだ

市村清
〔リコー創業者〕

ビジネスの世界では、一朝一夕に結果が出ることなどあり得ません。地道な努力を積み重ねて初めて成果が上がるのです。

とはいえ、失敗が続いたときや、今のやり方が正解だという確信が持てないとき、まわりが協力してくれず孤軍奮闘しなければならないとき、予算や納期が限られているときなど、つらい状況に置かれているときはなおさら、すぐに投げ出したくなってしまうものです。あなたが優秀であればあるほど、他人にはできないような難しい仕事にアサインされるでしょうから、こうした困難から逃れることはできないものです。

それでも諦めずに、できるまで取り組んでほしいのです。

毎日、少しずつでもいいので、工夫を加えて前に進むこと。コツコツとやり続けること。とことんやり抜くこと。絶対に諦めないこと。粘りに粘ること。能力よりも運よりも、それが一番大事です。

どんなに優秀な人でも、途中で諦めてしまえば、成功者にはなり得ません。たとえ暗闇の中を一歩一歩進むような気持ちでも、なんとか踏ん張って、達成までの道のりを歩んでください。

「なんだ、そんな当たり前のこと」と思う人もいるかもしれませんね。ですが、**「知っていること」と「できること」の間には高い壁があります。**諦めずにやり続けられる人が少ないからこそ、継続できる人は成功するのです。

ここまで聞いて、やる気が湧いてきましたか?

「やる」と決意できたなら、一日でも早くスタートしてください。目標を達成するまでには多くの壁があり、それを突破してゴールするまでにはそれなりの時間を要します。

もう一つ重要なことがあります。それは、**「やると決めたらやるんだ」という姿勢を部下に示すこと。**

何かをやると決めたら、より多くの人の前で、より大きな声で宣言しましょう。宣言することによって協力してくれる人も増えますし、あなたの下で一緒にそのプロジェクトを進めたいと声をあげてくれる部下もいるでしょう。一人では実行不可能なことも世の中にはたくさんありますから、積極的に他人の手を借りたいものです。諦めずに頑張っていれば、あなたへの評価も変わってくるはずです。

ほんのひと握りの人しかゴールテープを切ることはできません。成功するまでやり遂げると覚悟をし、やると決めたら即座に行動を始めましょう。大きな声で目標を宣言し、コミットしましょう。途中で何度失敗しても立ち上がり、前を向いて歩みを進めましょう。くじけそうになっても、最後にもう1回チャレンジすれば成功するかもしれません。

数値目標は必ず達成する

明確な目標を定めたあとは執念だ。
ひらめきも執念から生まれる。

安藤百福
〔日清食品創業者〕

日本は、履歴書だけで入社や転職が可能な、珍しい国です。一方、アメリカでは、これまで積み重ねてきた実績をまとめた「経歴書（Proven track record）」が必要です。その経歴を見て、人事担当者は、その人がどのような実力があり、どのような成果が期待できるのかをジャッジします。

あなたはビジネスの世界でどんな実績を積んできましたか？

「真面目に頑張ってきました」「無遅刻無欠席です」「部署で一番長く残業しています」ではなく、数値目標をどの程度達成してきたか、履歴書に書けるような実績があるか、思い出してください。たとえば次のようなものです。

- 10年連続で営業目標を達成してきた
- 社長賞を受賞した
- まったく新しい顧客層を開拓した
- 誰もやったことがないマーケット手法で新規市場を開拓した
- 新商品を生みだし、会社の売り上げに貢献した特に注目してほしいのは、「数値目標にどの程度コミットしてきたか」です。「今月は営業日が少なかったから」「不景気だから」「上司の助けが得られなかったから」「部下が退職してしまって戦力が足りないから」などと言い訳をして、目標達成を諦めてしまっていませんか。**ビジネスの世界では、目標は必達です。どんなトラブルがあろうと、必ず目標達成にコミットしてください。**

成功する人と残念な人では、目標に対する考え方が根本的に異なります。

成功する人は、目標は必ず達成するものだと考え、有言実行します。目標達成までの道のりを明確に描き、一歩一歩歩みを進めて着実に目標へと向かっていきます。一方、残念な人は、常に指示待ち。モチベーションが低く、行き当たりばったりで仕事をします。

もしあなたが「残念な人」であれば、今日から心を入れ替えて、目標への意識を変えてください。有言実行あるのみです。会社に対してコミットし、コミットしたことは必ずやり切りましょう。その積み重ねが、あなたのキャリアの武器になります。

この考え方は、部下にも適用してください。**部下に適切な数値目標を与え、コミットする姿勢を教えること。それがチームの成果につながります。**

第2章

自分だけでは事を成せない「コミュニケーション」

傍観者はダメである。
どんな仕事でも、
当事者になることが肝心である。

藤田田
〔日本マクドナルド、日本トイザらス創業者〕

スティーブ・ジョブズは会議の冒頭で、その会議に必要ないと判断した相手を退場させていました。当事者意識を持ち、主体的に参加できる人だけを選抜していたからこそ、緊張感のある、生産性の高い会議ができていたのでしょう。

思い返せば、ジョブズほど当事者意識の高いリーダーを見たことがありません。一年に一度開催されるリーダー会議でも、必ず前日から会場に詰め、自らセットアップとリハーサルに励んでいたものです。

この姿勢は講演会でも同じでした。ジョブズが2005年、有楽町で講演したときのこと。前日のリハーサルでは、3時間にわたって「私はこう感じる。みんなはどうだ?」「私はこの資料を1ページ前にもっていきたい。全体の流れに影響はあるか?」などと、主語を〝I〟にし、積極的に意見を伝えていたのです。

ジョブズほどの人であれば、資料の作成からリハーサルまですべて部下に任せることもできたでしょう。それでも当事者意識を持ち、自らの手で一つひとつ作り上げる――。今でも鮮明に思い出せる、衝撃的なワンシーンでした。

主語を〝I〟にし、高い当事者意識を持って行動する。逃げない姿勢を貫き、いつでも責任を取る覚悟をする。リーダーであれば、この2つを常に意識してください。

残念ながら、日本では主語を〝I〟にできるリーダーをほとんど見かけません。周囲から「いい人」と思われたいという気持ちが強いのでしょう。

同様に、いつでも責任を取る覚悟ができている人もほとんどいないようですね。なぜなら誰しも、責任を取るのは怖いからです。最悪の場合、リーダーの立場から降ろされたり、会社を退職したりすることになるかもしれませんから。

そうした覚悟をするのは誰でも怖いからこそ、チャンスです。

高い当事者意識を持って行動することができたなら、周囲の人があなたを見る目はみるみるうちに変わっていくでしょう。

上層部は、あなたをもっと引き上げたい、より重要な役職につけて幅広く活躍させたいと思うはずです。

同僚や後輩は、ぜひこの人に協力したい、この人のようになりたいと思ってくれるでしょう。

顧客や取引先は「この人から買いたい」「この人と一緒に仕事をしたい」「うちの会社で働いてくれないだろうか」と思うことでしょう。

意識を変えることで、あなたの市場価値はグンと大きく上がるはずです。

人を熱烈に動かそうと思ったら、
相手の言い分を
熱心に聞かなければならない。

デール・カーネギー
〔作家・実業家〕

「コミュニケーション力の高い人」と聞いて、どんな人を想像するでしょうか？話し上手な人を思い浮かべる方が多いかもしれませんが、私の思う「コミュニケーション力の高い人」は、聞き上手な人です。絶妙な合いの手をうち、相手を気持ちよくさせて、どんどん話をさせる。これができる人は聞き上手だといえます。

プライベートならこれだけで十分でしょう。ビジネスであれば、相手に一方的に話してもらうだけでは仕事が進みません。

自分が伝えたいことはきっちり伝えながら、相手の本音を引き出す。話しているうちにどんどん深い話題になり、時には相手から「これは社外秘なんだけれどもね」といった言葉が飛び出す……これが理想ですね。

聞き上手の人と話していると、「秘密の話だけど、この人にだけは話したい」「話すつもりがなかったことまで、ついつい打ち明けてしまった」ということがあります。信頼できる雰囲気があり、こちらの話に興味を持ってくれていて、何を言っても受け入れてくれそうな空気感を漂わせていることがカギなのでしょう。

それとは逆なのが、自分の話を聞いてもらうことが第一になっている人です。相手の表情には目もくれず、自分が話したいことだけを話してスッキリしてしまう人。こういう人はいつの間にか周りから距離を置かれてしまいます。営業を担当しても、相手のニーズを引き出すことができないでしょう。

聞き上手な人は、簡単に相手の心を丸裸にしてしまいます。特にその手腕が発揮されるのは、誰かから相談を受けたときです。

人間は誰しも鎧を身につけており、いくら相談といっても、深い話はなかなかしにくく、表面的な話に終始してしまうものです。それではいつまで経っても問題は解決しません。でも聞き上手な人は、相手の鎧を一つひとつ脱がせていきます。

まずは相手の気持ちを想像し、その気持ちにとことん共感してみましょう。

部下から「会社を辞めたいと思っている」と打ち明けられたら、まずは「そうなんだ。会社を辞めたいと思っているんだね」と共感します。

ここで「なんてことを言うんだ！　最低でも3年間は経験を積むべきだよ」などと否定したり、「具体的に何が不満なんだ？」「次の仕事は決まっているのか？」と自分の聞きたいことを尋ねたり、「あり得ない！　私の若い頃なんて……」と〝自分語り〟をしたりしてはいけません。

まずは相手の気持ちや事情に興味を持ち、とことん共感することです。相手はやがて心を開き、本音を打ち明けてくれるでしょう。

直接会って話すのが、
お互いの悪感情を一掃する
最良の方法である。

エイブラハム・リンカーン
〔アメリカ合衆国第16代大統領〕

メールやチャットなど、今やビジネスコミュニケーションの多くはテキストで済まされるようになっています。新型コロナウイルスの感染拡大によってこの状況は加速し、Face to Faceのコミュニケーションは激減したといえるでしょう。

この状況を「便利になった」と評することもできると思います。でも私は、文字だけでなく、血の通ったFace to Faceのコミュニケーションを大切にしたいと考えています。

あなたはテキストベースのコミュニケーションで、本当に言いたいことが伝わらなかったり、相手の気分を害してしまったりしたことはないでしょうか。丁寧に書いたことで、かえって「結局、何が言いたいの?」などと突っ込まれてしまったこともあるかもしれません。

さまざまな説がありますが、相手に言いたいことが伝わる確率は、Face to Faceでボディランゲージや声の抑揚を使っても70%前後だといわれています。

顔と顔を突き合わせて、非言語情報を駆使しても、伝わる確率はわずか70%。驚きませんか? なお、電話でのコミュニケーションだとわずか30%前後、テキストになると

10％前後にまで落ちるそうです。まずはこの点を理解してください。

次に、私の好きな言葉「ハイタッチ」についてお話ししましょう。

1980年代頃、日本がどんどん成長している時代において、「ハイタッチ」は「ハイテク」の反対語として使われていました。テクノロジーが進化すればするほど、「元気？」「最近どう？」と声をかけ合う、アナログのコミュニケーションが大切だとされていたのです。私はこの言葉が好きで、今でもずっと使っています。

昔、社員がオフィスに入ってくる様子を観察していたことがあります。彼らの様子を見ていると、その心のうちが見えるような気がしました。

満員電車での通勤や、前日までの仕事で疲れ果てている人。何かに悩んでいるように見える人……。そんな人に声をかけ、私の部屋に来てもらって話を聞くのが習慣でした。顔を突き合わせて話をしていると、相手の思わぬ本音が聞けて、心が通い合ったように感じたものです。

「そんな時間なんてない」という声が聞こえてきそうですね。

でも、毎日の何気ない挨拶や雑談からも、相手の変化を感じ取ることはできます。常に部下の様子に目を配り、「あれっ」と思ったときには積極的に声をかけてください。

一時間の浪費をなんとも思わない人は、
人生の価値をまだ発見してはいない。

チャールズ・ダーウィン
〔自然科学者〕

あなたの会社にも、きっと定例会議があるでしょう。その会議は、活発に意見が交わされる、有意義な時間でしょうか。それとも週末の疲れを癒やすコーヒーブレイクや、スマホを見たり他の仕事をしたりする〝内職タイム〟になっているでしょうか。

日本の会議では、意見を言うのは上層部の数人だけ、後の人は黙って話を聞いている……といった場面をよく目にします。上司に遠慮して発言を控えているのかもしれません。資料を読み上げるだけの会議や、出席人数が多すぎる会議も散見されます。

経営者として、そんな会議風景を見るとゾッとします。出席している人の給料を時給に換算して、その時給が人数分、会議の時間分かかっていると考えると、たった1時間の会議であっても、何十万円、何百万円という単位でチャリン、チャリンとお金が落ちているのです。

昔、ジョブズがいる会議で、私の他にも日本人が出席していたことがありました。その人は典型的な日本人のパターンで、あまりに疲れていたのか、何の発言もせずジョブズの目の前で眠りこけていました。数カ月後にその人がいなくなっていたことは言うまでもありません。

残念ですが、世界中を見渡しても、会議中に寝ているのは日本人だけです。そろそろ日本での会議のあり方を変えませんか。

会議を設定するのであれば、その目的を明らかにしましょう。情報共有が目的であれば、テキストでも構わないはずです。また、バリューを出せない人や発言のない人を外し、少ない人数での開催にするのも一つの手です。

会議に参加する側は「バリューを出せない人は給料泥棒だ」「会議は意思決定のための場だ」と認識し、「出席するからには必ずバリューを出す」と決めること。そのためには、次の3つが有効です。

・会議の目的をあらかじめ確認しておくこと
・目的に合わせて事前準備をすること
・会議では必ず発言すること

もし自分にバリューが出せそうにないと感じたら、その旨を上司に率直に相談してみるのもいいかもしれません。「この会議ではバリューが出せそうにないので、欠席してもよろしいでしょうか。その分の時間を使ってA社の提案準備を進めたほうがチームのためになると思っております」などと言われて、イヤな顔をする上司はほとんどいないはずです。むしろ「チームの利益を真剣に考えてくれている」と、あなたの評価を上げるでしょう。

無駄金も使うだろう。
期限も遅れるだろう。
そんなことは当たり前だから気にするな。
ビクビクせずに思い切ってやれ

大屋晋三
〔政治家・帝人社長〕

ここでは会社での会話について考えてみましょう。部下が笑顔で報告に来てくれたとき、たいていはグッドニュースでしょう。大型の契約が獲得できそうだ、取引先の部長からお褒めの言葉をいただいた、新商品が好評である……。喜ばしいことですが、リーダーの仕事はニコニコ笑って褒めることだけではありません。グッドニュースの裏には、イヤな話がたくさん隠れているはずです。そこにも目を向けましょう。

私は自分の部下に、いつもこのように言っていました。

「いい話はうれしいけれども、お酒の席で話してくれたらいいよ。それよりも、ポケットに隠している悪い話を先に教えてくれ。プロジェクトの納期を伸ばさなければならない。もっと人をつぎ込まなければプロジェクトが遅れる。お客さまからの変更要求に対してお断りをしないと我々のプロジェクトチームが崩壊する……。そういうイヤな仕事をするために私はいるんだよ」と。

リーダーがバッドニュースを聞くのは少しでも早いほうがいいものです。あれこれ解決策を考えたり、お客さまに頭を下げに行ったりしなければなりませんから。

対応を先延ばしにすればするほど、バッドニュースはますます悪い方向に進んでいきます。放置しておけば問題が勝手に解決している、なんてことはありえません。どんなにイヤでも後回しにせず、大問題に発展する前に対応をする習慣をつけたいものです。

悪いニュースほどすぐに報告し合えるチームをつくるのは、リーダーです。

「気が進まないだろうけど、バッドニュースから報告することが仕事なのだよ」「何かあったらすぐに報告してくださいね」と、日ごろから部下に伝えるようにしましょう。どんな話題でも話しやすい雰囲気をつくること、「この人なら、決して部下に押しつけることなく、どんな問題でもすぐに解決してくれる」と思わせることこそ、リーダーの仕事なのです。

考えようによっては、リーダーの仕事の大半が「イヤなこと」だといえるかもしれませんね。つらいでしょうが、イヤなことからどんどん解決していくことが、最速で仕事を進めるコツです。

これは、部下に何かを指導するときも同じ。「嫌われたくないから」と指摘や指導をせずに済ますのではなく、改善点はどんどん伝えましょう。リーダーならば、嫌われる覚悟を持ち、部下の成長や会社の利益のために行動すべきです。

なお、指摘するときには「褒める」＋「改善点を伝える」＋「褒める」のサンドイッチ方式がおすすめです。まずは相手を褒め、指摘や指導をし、最後に再び褒める。これならば、相手を過度に傷つけることなく、言いたいことが伝わるでしょう。

お前の本当の腹底から
出たものでなければ、
人を心から動かすことはできない

ゲーテ
〔詩人・劇作家・小説家〕

日本の多くのビジネスパーソンのプレゼンテーションを見ていて感じるのは、「対話になっていない」ということです。ご自身で作ったか、それとも部下に作らせたのか、どれくらいの時間をかけたのかはわかりませんが、たいていのプレゼンテーション資料には文字がびっしりと書いてあります。その内容を一言一句たがわず読み上げているが、聴衆は居眠りをしているか、上の空になっている……そんな光景をよく目にします。

プレゼンテーションでは1対Nで情報発信することが多いもの。会議と同じく、N人分の時間をいただいているわけですから、発言者が悦に入って長々と話している間にも人件費は発生しているのです。そのことを理解してプレゼンテーションに臨んでいる人がどのくらいいるでしょうか?

プレゼンテーションで一番大切なことを聞かれたら、私は次のように言います。どうしても伝えたいことがあるときにだけ、人の前に立ちなさい。強い想いがないのに聴衆の貴重な時間を奪うのは迷惑です――と。発言者のメッセージが聴衆の期待とズレているケースも然りです。

的確な話題を選び、十分に準備をして論理的に話を進めていても、プレゼンテーションを始めてみると、聴衆の反応が芳しくないと感じることもあるかもしれませんね。そんなときは「相手は何を求めているのか」にアンテナを立てましょう。自分の話したいトピックは短めにして、聴衆の求めている内容へとシフトします。

逆に、自分の想定以上に聴衆の反応がいいようであれば、その話題を厚く話すという機転も必要でしょう。

要するに、プレゼンテーションは一方通行の朗読ではなく、聴衆との真剣な対話であるということ。自分が伝えたいことがあるときにだけ、聴衆の時間をいただく。聴衆の受信の度合いによって、自分からの送信量を調整する。プレゼンテーションは対話であり、キャッチボールなのです。

聴衆の反応を見ながら柔軟にプレゼンテーション内容を変えるのは、最初のうちは難しいかもしれません。ですが、何度も経験を重ねるうちに、相手の表情を見る余裕が生まれ、当意即妙なアレンジができるようになります。その場、その場での対応ができるよう引き出しの数を増やすとともに、一つひとつの引き出しをより大きく、深いものにしていきましょう。

ポイントは、各ページ（スライド）で確実に伝えたいポイントを最大3つに絞り、スライドに入りきらない行間を口頭で話すこと。あくまでメモや台本は作らず、聞き手の反応を見ながら話すことを大切にしてください。

部下に「自分だけのけ者にされている」と感じさせてはいけない

人は注目されないと、
悪さをしてでも
注目を集めようとする。

アルフレッド・アドラー
〔精神科医・心理学者〕

あなたはすべての部下に均等に時間を使っていますか。いつも同じ人とだけランチに行っていませんか。話しやすい人や、自分を肯定してくれる人とだけ雑談をしていませんか。

リーダーの行動は常に見られています。部下を「なんでアイツだけ」「あの子はリーダーのお気に入りだから」などとモヤモヤさせるのはご法度です。誰かの反感を買い、チームの人間関係を壊してしまいかねません。

とはいえ、部下全員に平等に接するのは難しいものですよね。

私は初めて課長になったとき、チェックシートを作り、部下それぞれと何回話したかを記録していました。帰る前にチェックシートを確認して、あまり話していない人には声をかけます。これを毎日繰り返しているうちに、感覚がつかめてきて、全員と平等にコミュニケーションを取れるようになっていきました。ここまできっちりする必要はないかもしれませんが、これくらい慎重になってほしいのです。

みなさんに参考にしてほしいエピソードがあります。私がある若いベンチャー企業の顧問をしていたとき、従業員の方からこんな話を聞きました。

「山元さん、うちの会社ではタバコ部屋で重要事項が決定されています。社長と専務が長時間、タバコ部屋にこもっていたと思ったら、会社のルールが変わるんです。私たちはのけ者にされています」

自分のいないところで、いつの間にか非公式の打ち合わせが開催されている。タバコを吸わない人が「のけ者にされた」と感じてしまうのは当然のことではないでしょうか。

同じように「うちの会社はお酒の席で大切なことが決まります」という話もよく聞きます。たしかにお酒が入ると、口が滑らかになり、率直な議論が交わしやすくなるもの。その気持ちもわかりますが、お酒を飲めない人、飲まない人、家庭の事情などで飲み会に参加できない人からすると、決していい気分ではないでしょう。

リーダーたるもの、誰かに「私はのけ者にされている」と感じさせてはいけません。部下が複数いれば、誘いやすい人・誘いにくい人、話しかけやすい人・話しかけにくい人、期待している人・そうではない人がいるのは当然のことですが、それを周囲に悟られているようでは二流です。

可能な限りすべての部下に均等に時間を使う意識を持ってください。自分が想像している数倍、数十倍、あなたは部下から見られているのです。

他社を悪く言わない

他人の繁栄をはからなければ、
みずからも栄えない。
個人や企業の繁栄が、
そのまま社会の繁栄につながっていく。

吉田忠雄
〔YKK創業者〕

ビジネスは厳しい世界ですから、必ずライバルや競合他社が存在します。日本国内だけでも同業他社が全国に数百社、数千社、数万社もあるケースも珍しくないでしょう。他社と明確に差別化できず、価格競争に陥ることもあるからか、ついつい競合他社を悪く言う人がいます。

A社さんの製品はよくできているように見えますけど、品質に問題があると聞いています。私のお客さまで、買って数日で壊れてしまったと言う人がいましたよ。B社さんは絶対に納品が遅れるという噂を聞いています。C社さんは、納品するところまでは愛想がいいけれど、アフターサービスは不誠実らしいです――。

他社を落とすことで、相対的に自社を上げたいという気持ちの表れでしょうが、これほど醜いことはありません。聞いた人も決していい気持ちはしないでしょう。

私のファーストキャリアはIBMでした。当時、40万人の社員を抱える、世界ナンバーワンのコンピューター会社です。

そんなIBMで教えられたのは、「どんなことがあっても他社を誹謗してはならない」ということでした。

「ＩＢＭを追いかけて同じような製品を作る会社が増えるだろうが、彼らのことを決して誹謗してはならない。他社を誹謗するような会社は決して尊敬されない。われわれは世界から愛され、尊敬される会社を目指している。他社を誹謗することによって生まれるビジネスには意味がない」と、徹底的に教わったのです。若いときにこうしたマインドを叩き込まれたのは、実に幸運なことでした。

アップル・ジャパン時代には、ソニーさんとの厳しい戦いが続きました。アップルのほうが不利な立場だったため、さまざまなメディアの方が私のところに取材に来て、ソニーさんの悪口を言ってほしそうにします。

私が「ソニーさんはすごいモノを作りますし、製品のカラーバリエーションも素敵です。私自身、ソニーさんのファンで、アップルに入社する前はソニーさんの製品をたくさん持っていました」と言うと、メディアのみなさんは一様につまらなそうな顔をしたものです。決していい人ぶっていたわけではなく、紛れもない本音だったのですが……。

ついつい他社の誹謗をしたくなることもあるでしょう。ですが、誹謗すればするほどあなたやあなたの会社の株は下がっていきます。

他社を悪く言う時間があったら、自社を成長させることに目を向けたほうがずっと生産的です。

中間管理職と真のリーダーシップとの
微妙な半歩の違いは、
プレッシャーの下で
優雅さを保てるかどうかだろう

ジョン・F・ケネディ
〔アメリカ合衆国第35代大統領〕

私が一番尊敬するCEOはマイケル・ラトガース氏です。当時EMCのCEOだったラトガース氏とは、私が39歳のときに出会いました。

それまで私は、どんな業種であれ、アメリカ本社のCEOには気難しい人が多いという印象を抱いていました。お客さまの盛大な祝賀パーティーの席で「日本人はお酒を飲むと人の話を聞かなくなる。私はこの会でのスピーチをやりたくない」と相談されて、主催者に頼み込んでスピーチの順番を変えてもらったときは肝が冷えましたね。「道路が混んでいるから」という理由で日本の大企業の社長との面談をドタキャンした人もいました。日本とは常識が違うから仕方ないのですが……。

39歳でEMCジャパンの副社長をしていた私は、日本企業のみなさまにストレージの大切さやEMCのシステムのすばらしさを知っていただくために奔走していました。アメリカからCEOのラトガース氏が来日してくれることになったのはそんなときです。あまりにうれしくなり、少し欲張りすぎて1日に8件ものアポイントメントを入れてしまったほどです。

ビジネスのためとはいえ、正直なところ、私はドキドキ、ハラハラしていました。それまでの〝アメリカ本社のCEO〟のイメージから、「あまりのハードスケジュールに怒り出すかもしれない」「ドタキャンするかもしれない」と心配していたのです。

ですが蓋を開けてみると、ラトガース氏は8件すべてのお客さまを訪問してくれました。さらには、お客さまの理解水準に合わせて話す順番を巧みに変えながら、一切疲れを見せず、すべての会社訪問を笑顔で完了してくれたのです。


その夜、ラトガース氏と食事をする機会がありました。私はチャンスとばかりに、ラトガース氏にこれまでの〝アメリカ本社のCEO〟の印象を伝え、「なぜ8件もの訪問を笑顔でこなしてくださったのですか」と質問しました。ラトガース氏の答えは次の通りです。

「Kenji、リーダーの仕事は実に退屈なものだ。リーダーの仕事はみんなが本当に理解してくれるまで何度も、何度もただただ同じことを繰り返し話すことなんだよ」


この答えは衝撃的でした。

相手によって言うことを変えない。自分のメッセージを、社員や顧客、パートナーなど、すべての人が心の底から理解してくれるまで、簡潔に、丁寧に繰り返す。これもリーダーの大切な使命なのです。

部下もお客さまも取引先も、仕事が忙しかったり、体調が悪かったりして、あなたの話に集中できないこともあるでしょう。そんなときも慌てず、伝わるまで何度も繰り返すこと。「何度同じことを言わせるんだ」と怒るなど論外です。

気は長く持つが、
行う時は気短でなければならぬ。

石橋正二郎
〔ブリヂストン創業者〕

手紙から電話へ、電話からメールへ、メールからチャットへ。コミュニケーションツールはどんどん進化しています。それと同時に、コミュニケーションのスピードもどんどん速くなっています。

私が外資系企業のトップだったときには、常に部下にこのように話していました。

「社内外問わず、欧米人からのメールの返信が24時間以内に来なかったら黄色信号だ。あなたが送ったメールの内容がおかしいのか、もしくは都合の悪いことがあって返信を引き延ばそうとしているかのどちらかである」

これは今や、日本でも通用することではないでしょうか。

24時間以内に相手からリアクションがなければ黄色信号として、すぐに電話をかけるべきでしょう。電話で話して「何かがおかしいぞ」と感じたのであれば、すぐにFace to Faceのコミュニケーションに移行し、相手の真意を確認する。それくらいのスピード感で動いてほしいのです。

受け手の立場でも同じです。メールであれチャットであれ、最初の返信はどんなに遅くても24時間以内に行いましょう。もう少し時間が必要なのであれば、「明日の朝10時までに確認して返信いたします」などと返すこと。そうでないと、相手のことをヤキモキさせてしまいます。

スピード感のあるやり取りを行ううえで必要なのは、簡潔に文章を書くこと。メッセージの意味を把握するまでに時間がかかる文章を書いているようでは、一人前の社会人とはいえません。

メールやチャットにおいて、わかりやすい文章を書くコツは5つです。

(1) 盛り込む情報は最小限にし、とにかく短くまとめること
(2) 最も伝えたいポイントを冒頭に置くこと
(3) 主語、結論、理由の3点を明記すること
(4) 改行や空行を追加し、パッと見てわかりやすいレイアウトにすること
(5) 送信する前に誤字や脱字がないか確認すること

要するに、相手の立場に立って文章を組み立てることが大切なのです。文章を書くときに限らず、相手を思いやり、相手の負担を減らそうとする努力ができる人が、ビジネスの世界では成功します。上司や顧客、取引先が相手のときのみならず、部下に対するメッセージでも同様に、相手への思いやりを忘れないようにしてください。

第3章

人の上に立つ人の心がまえ
「マネジメント」

すぐれた徳は、
習慣がつくりあげるものである。
私たちは、自分でつくった
習慣のようにしかならないのだ。
ふだんから節約している人が、
節制の人となり、
勇気ある行動をしている人が、
勇敢な人となる。

アリストテレス
〔哲学者〕

あなたにとって、「カッコいいビジネスパーソン」とはどのような人でしょうか？

・一流企業や大手企業に所属している
・高い役職についている
・部下の数が多い
・高価なスーツを着ている

このような答えばかり出てくるようなら、少し考えを変えてみてもいいかもしれません。

大手一流企業で高い役職につき、高価なスーツを身につけてはいるけれど、まったく着こなせていない。いつも偉そうで、部下を見下していることがまわりにも伝わる態度……。一昔前であれば、こうした人も「威厳がある」などと言ってもてはやされたかもしれませんが、今やこのタイプの人が憧れられる時代ではありません。成功者に対するイメージもずいぶん変わったものです。

これからの時代、私が成功者に期待するのは、役職が高くなっても、部下の数が増えても、仕事が忙しくても、手を抜かずに自分磨きを続けること。

相手に好印象を与える清潔な服装・髪型をキープするのは当然のこととして、意外と気を配っていない人が多いのは姿勢です。姿勢が美しいと、遠くから見ても堂々と、上品に見えますし、ひと味違うオーラを放つことができます。

姿勢を保つためには、ある程度の筋力が必要でしょう。

私が知る限り、一流企業のトップには、ジョギングや筋トレを習慣にしている人が多くいます。体を鍛えることで仕事のパフォーマンスが上がりますし、メンタルも安定する。姿勢も体型も美しくなり、自分に自信がついて、ますますオーラに磨きがかかるのでしょう。

人の上に立ち、常に部下に囲まれているだけでなく、取引先とのやりとりも多いリーダーは、自分が思っているよりもずっと多くの人に見られているものです。役職が高いから、忙しいからと、自分磨きを怠らないようにしましょう。

外見だけでなく、生きる姿勢も含めて、自分のあり方を見直してみてください。

「自分もこんなふうになりたい」と思われるようなリーダーになることができれば、仕事はうまくいくものです。これもまた、ひとつのマネジメント手法だといえるでしょう。

人生は実行であり現実である。
百の各論卓説より、
一の凡策である。
順境にして悲観し、
逆境にして楽観する。

出光佐三
〔出光興産創業者〕

自分では何も行動せず、人の行動を批判したり評論したりしているだけであれば、決して失敗することはないでしょう。あなたのまわりにも、こんなふうに頭でっかちになっている人がいるかもしれません。

失敗を繰り返してボロボロになったときには、こんな人を見て「うらやましい」「自分もあんな立場だったら……」と思ってしまうこともあるかもしれませんね。ですが、そのような人をうらやんでも何ひとついいことはありません。行動しない人は決して成長しないのですから。

「自分はまだ行動に移していないだけ。今は勉強する期間だから」と反論する人もいるでしょう。

もちろん、勉強しているのはすばらしいことです。しかし、まだ勉強が足りないと思っても、ひとまず学んだことを実践に移してみてください。インプットばかり続けるより、インプット→アウトプット→インプット→アウトプットを繰り返すほうが、よほど効率よく学べますし、知識の定着率も段違いです。

実行に移してみると、教科書通りには進まないことばかりでしょう。状況が違ったり、社会が変化していたり、人々の期待値が上がっていたり……。思わぬ失敗があなたを待っています。つらい思い、くやしい思いもするでしょう。でも、こうした失敗があなたをいっそう強くするのです。

行動するには、大変な勇気が必要です。自分ひとりでは前に進めないなら、支えてくれる仲間が必要ですし、失敗したときに責任を取る覚悟もいるかもしれません。問題とその原因を分析し、対策を立案する力も求められます。何かまずいことが起こったとき、その再発を防止する力とアクションも必須です。これらすべてを含めて「実行力」といいます。

ここまで読んで「自分には無理だ」と思ったかもしれません。実行しない理由を考えるのは簡単です。それでもまずは行動に移してほしいのです。

失敗から学ぶ覚悟を決めてください。Just do itの精神でまずは挑戦してください。ビジネスの現場に評論家は必要ありません。みなさんの実行力こそが未来の扉を開く原動力になるのです。果敢に挑戦し、時には失敗もしながら前進していくリーダーの姿を部下に見せることこそ、最高の人材育成です。

挑戦し、失敗した経験があればこそ、仲間が挑戦したり失敗したりしたときに適切にサポートすることができます。そうしたマインドも、あなたの武器になるはずです。

苦しい仕事のうちにも
愉快があることを発見するまでには、
幾多の修業を積まねばならない

安田善次郎
〔安田財閥創業者〕

リーダーに逃げ道はありません。自分が大きな失敗をしたら責任を取るのは当たり前ですし、部下のミスの責任を取るケースもあるでしょう。時には自分の何気ない発言や意思決定に足元をすくわれることもあります。だからリーダーには、常に緊張感が必要です。

私も外資系企業の社長だった時代は、いつも危険に身を晒していたような気がします。ひとつエピソードを紹介しましょう。

海外拠点から送られてくるメールで一番ヒヤッとするのは、他の人からのメールを無言で（送信者からのメッセージなしに）転送してくるケースです。転送メールに、ご丁寧にも「?」マークだけをつけて転送してくるものもあります。いずれも、送信者が怒っているか、少なくとも大きな疑問を持っています。

アップル・ジャパン時代のある日、私はこんな経験をしたことがあります。

あるアメリカ人の旅行客がスティーブ・ジョブズにメールをしました。

「スティーブ、日本ではiTunesカードをコンビニエンスストアで販売しているのか。

アップルのファンとしてがっかりしたよ」

スティーブはこのメールを、アップルの最高経営責任者、ティム・クックに無言で転送。ティム・クックがそのメールに「?」をつけて私に送ってきたのです。想像しただけでゾッとしませんか。

ご存じの通り、日本のコンビニエンスストアはとても清潔で、スタイリッシュです。ブランドを大切にするアップルの製品とはいえ、日本のコンビニで販売されていることに違和感はないでしょう。実際、私はコンビニエンスストアに頭を下げて売り場を作っていただいていましたし、販売実績もすばらしいものでした。

ただ、アメリカと日本では文化や価値観が異なります。スティーブとクックが「コンビニ＝アップル製品を販売するのに似つかわしくない場所」と思っているのも仕方のないこと。なんとか事情を理解してもらわなければなりません。

私は考えた末、「コンビニはディズニーランドの次に訪れたくなる、日本の美しいスポットだ」と書かれた記事を彼らに送ることで事なきを得ました。あのときの対応がまずければ、私はアップルを追われることになっていたかもしれません。

ビジネスは自分の努力だけで進められるものではありません。うまくいかないこともたくさんあるでしょう。でも、そんなときにオドオドしているようではリーダー失格です。いつでも崖っぷちにいるような覚悟で、全力で仕事をする勇気を持ってください。

徳のある人、
すなわち人格のすぐれた人は、
決していつまでも孤立していないものだ。
必ずその人の徳を頼って、
その人の周りに人が集まってくるのだ。

孔子
〔思想家・儒教始祖〕

部下の昇進や昇給、仕事の達成度のジャッジ……。本人はあまり意識していないかもしれませんが、リーダーは大きな権限を持っています。もしそのリーダーがサイボーグのような人間だったら、部下はどう感じるでしょうか?

グッドニュースを報告するのはよくても、バッドニュースを伝えたり、悩みごとを相談したり、ちょっとした雑談をしたりするのは遠慮してしまうかもしれません。

では、部下が話しかけやすいリーダーとはどんな人でしょうか。

一言でいうと、チャーミングな人だと思います。

たとえば、旅行やカメラ、マンガなどの趣味があったり、毎月ディズニーランドに行っていたり、スターバックスの新作は毎回発売日にチェックしていたり。普段は怖い顔で仕事をしていても、趣味の話になるとたんに相好を崩して満面の笑みを見せてくれる――。そんなリーダーであれば、部下は親しみを覚え、チームの仕事は円滑に進むはずです。

アップルのティム・クックは自転車が大好きです。部下の前でもよく自転車の話をしており、尊敬する自転車選手についてもうれしそうに話してくれました。

クックはいわゆる天才で、何年も前に見た数字を丸暗記しているような人。それゆえ仕事中はサイボーグのように見えるのですが、ビジネスを離れて自転車の話をしはじめると子どものような表情になるのです。そういうところが非常にチャーミングで、意外と親しみやすいキャラクターでした。

リーダーがサイボーグのような完璧超人では、部下が近寄りがたくなってしまいます。最初は勇気が必要かもしれませんが、自分のチャーミングさをさらけ出してみてはいかがでしょうか。

・積極的に笑顔を見せる
・趣味や家族の話をする
・過去の失敗談を話す
・自分の苦手なものの話をする
・書類などには手書きのメモを添える

このようにして積極的に自己開示をし、あなたの魅力を存分に伝えましょう。チーム運営において、想像以上の効果があるはずです。

仕事の能力が高いのは当たり前。もう一歩踏み込んで、部下にやすらぎと心理的安全性を与えられる、チャーミングなリーダーを目指しましょう。

組織の優秀さとは、
凡人をして非凡な働きを
なさしめることにある。

ピーター・F・ドラッカー
〔経営学者〕

仕事の標準化もリーダーの業務のひとつです。会社の業務を通して得たノウハウはあなただけのものではありません。会社に帰属する大切な財産として、自分が得た技術やスキルを標準化し、時にはマニュアル化して、メンバーや後任に伝える役割・責任があります。

残念ながら、あなたの仕事の多くは、他の人でも（相応の努力は必要でしょうが）できるものであることがほとんどです。むしろ「この仕事は自分にしかできない」「自分ひとりしかこの業務の対応方法を知らない」という状況なら黄色信号。もしあなたに何かがあったとしたら、仕事が回らなくなり、顧客や取引先はもちろん、メンバーにも多大な心配と迷惑をかけることになってしまうでしょう。

周囲を見まわしてみると、同じ業務に数年以上、ひとりで特定の業務に従事している人もいるかもしれませんね。こんな人も要注意です。今すぐにでも業務のマニュアル化と、誰か他の人にその業務の対応方法を教えるように依頼してください。

このときに注意したいのは、その人は「この仕事に自分の存在価値がある」と信じたいのかもしれない、ということ。その気持ちを汲み、これまでの貢献をねぎらうことを忘れないようにしてください。

「これまで大変な業務をひとりで担ってくれて、本当にありがとうございます。あなたがいてくれたからこそ、業務が円滑に進行したのだと考え、感謝しています。そんなあなたには、もっとチャレンジングな業務にも挑戦し、ますます活躍の場を広げてほしいと思っています。今の業務をマニュアル化して、○○さんにも対応方法をレクチャーしていただけますか？　あなたの協力を得て、チームの体制をより盤石なものにしていきたいのです」といった、心のこもった声かけが必要かもしれませんね。

標準化の理想は、「この人にしかできない」というブラックボックスを作らず、新入社員が対応しても同じ品質を提供できるようにすることです。

そうすれば、誰かが突然休んだり、休職・退職したりしても、強い組織として成果を出し続けることが可能となります。

とはいえメンバーも忙しい中ですから、ついつい標準化のための手続きは後回しになってしまうもの。だからこそ、まずはリーダーであるあなた自身が、標準化に優先度高く取り組む姿勢を見せましょう。

チームのことを考え、積極的に標準化に取り組むリーダーの姿勢を見せてこそ、メンバーも前向きに動いてくれるはずです。

何をやるのかを決めるのは簡単。
何をやらないのかを決めるのが大事。

マイケル・デル
〔デル創業者〕

一般的なリーダーや経営者の共通点として、タフで頑張り屋だということが挙げられます。

せっかちで、働きバチのように動き回っていないとなんだかサボっているような気持ちになって落ちつかない。じっとしていると、自分だけ置いていかれるのではないかと不安になる。四六時中、仕事のことを考えて、部下の動きをチェックしていないと気が済まない――。私の周囲を見ても、そのような方が多いように感じています。

それはもちろん、リーダーとしての責任感のあらわれであり、すばらしいことです。しかし一方で、時には「動かない」「攻めない」「じっとしている」方針が〝正解〟になることもあると、私は思います。

たとえば、お客さまの社内でプロジェクトの準備がまだ整っておらず、チームが発足できないとき。お客さまの社内会議が紛糾し、重要な意思決定が遅れているとき。法律やインフラの整備を待っているとき。部下をじっくり教育しているとき。プロジェクト体制を見直しているとき……など、さまざまな「待ち」の状況があるでしょう。こんなときは、どんなに有能な人であっても、何もできません。

「待ち」の間、リーダーに求められるのは、ただただ何もしないことです。

「当たり前だろう」と思う人もいるかもしれませんが、これが意外と難しいのですよね。仕事をどんどん前に進めていくことに長けたリーダーであるほど、我慢できずに余計なことをしてしまって失敗する……ということもあります。

特に「待ち」の姿勢を貫くべきは、部下をじっくり教育しているときでしょう。「自分がやったほうが速い」「自分ならもっとうまくできる」とばかりに横から手を出すのは絶対にNG。どんとかまえて、部下に思いきった挑戦をさせましょう。リーダーが逐一サポートしていると、部下はいつまで経っても成長しません。

同様に、部下に「こんな困ったことが起きています。どうしたらいいですか?」と言われたら、すぐに答えを教えてしまっていませんか?

こんなときは「君はどう思う?」と返せばいいのです。いつもリーダーから答えを与えてもらってばかりでは、部下は自分の頭で考える力を養えないままですから。

成功するリーダーは、部下に任せると決めたら、相手のことをとことん信頼します。
あなたが「何もしない」ことで、部下は大きく成長してくれるでしょう。

常に謙虚であれ

成功を自分ひとりの努力によるものだと
主張することは、
浅はかで傲慢なことだ。
どんな優れた業績も、
多くの人の手と心と頭に助けてもらって、
はじめて可能になるのだから。

ウォルト・ディズニー
〔アニメーター・プロデューサー〕

役職が上がれば上がるほど、部下が増えれば増えるほどますます謙虚になる。それが私にとっての理想のリーダーの姿です。いくら自社の中で昇進しても、会社を一歩出ればただの人ですから。「実るほど頭を垂れる稲穂かな」という言葉もありますよね。

それでも、世の中を見まわしてみると、上から目線でふんぞり返って、傲慢な話し方をする人がたくさんいます。上司やお客さまの前ではペコペコしているのに、飲食店のスタッフやタクシーの運転手さんの前では急に態度が変わる人もよく見かけます。いくら仕事ができたとしても、そういうリーダーは決して尊敬されません。

私にも残念な経験があります。部下のA課長は、いつも丁寧な態度で接してくれる人でした。仕事もできましたから、これからに期待して課長に昇進してもらったのです。ところが、Aさんが課長になったとたん、その部門の人の元気がなくなり、残業時間が増え、営業の成績は今ひとつに。この状態がしばらく続いていました。

あるとき、Aさんから頼まれて、客先訪問に同行することになりました。驚いたことに、当日、Aさんが私の部屋に呼びに来たのは出発予定時刻のわずか5分前。50階にあるオフィスで、エレベーターでタクシー乗り場まで降りていかなければならないにもかかわらず、です。私たちは慌ててタクシーに飛び乗りました。

タクシーに乗ると、行き先を伝えたAさんに対して、運転手さんが「すみません、道に不案内なので教えてください」と言いました。するといつも丁寧なはずのAさんが突然「貴様、タクシーの運転手だろ。道くらい勉強しておけ」と怒鳴りつけたのです。

私は驚きながらも、Aさんの部門の成績が上がらない理由を察しました。おそらく部下を、何かあるたびに怒鳴りつけているのでしょう。Aさんを昇進させたのは間違いだった、と後悔したのでした。横暴な人がリーダーだと、まわりはリーダーの顔色ばかりうかがい、いいパフォーマンスが出せないのです。

一方、すばらしい肩書きがあったり、偉大な業績を上げたりしているにもかかわらず、常に謙虚な人がいたらどうでしょうか。きっと誰からも尊敬されますし、何よりカッコいいですよね。

常に謙虚でいる秘訣は、感謝の気持ちを忘れないこと。部下が一生懸命働いてくれたり、自分をサポートしてくれたりするのは決して当たり前のことではありません。これからの時代のリーダーには、いつも支えてくれる部下への感謝を忘れず、誰に対してもフラットで、謙虚であってほしいと願っています。

石橋を叩いて
安全を確認してから決心しようと思ったら、
おそらく永久に石橋は渡れない。
やろうと決めて、
どうしたらできるかを調査せよ。

西堀榮三郎
〔第1次南極越冬隊長・化学者〕

リーダーにとって一番重要な仕事といえば、やはり意思決定でしょう。

ビジネスにおいては、じっくりと時間をかけて検討してから意思決定したほうがいい案件もたくさんあります。投資金額が大きいものや、多方面の意見をまとめる必要があるもの、しっかりとした情報収集をすべきもの。そうした案件に関しては、会議を何度も重ね、担当者から代表レベルまで稟議書を回すことになるのも仕方ないでしょう。

しかし、ビジネスの現場においては、できる限り早く意思決定したほうがいい案件のほうがずっと多いように思います。部下やパートナー企業からの相談がそのいい例でしょう。私はこうした意思決定のことを「瞬断」と呼んでいます。

瞬断するためには、たくさんの情報が必要です。そのためには常日頃からのインプットが求められるでしょう。あなたは、瞬断に必要なアンテナを張り巡らせていますか？好奇心は旺盛ですか？

リーダーが瞬断できなければ、社員やパートナー、お客さまを待たせてしまうことになります。これは単に案件の進行が滞るという話ではなく、多くの人を待たせれば人件費がかさむということでもあります。

私がこのことを学んだのは、20代後半、ＩＢＭに勤めていたとき。当時、マネジャーになりたくなくて悩んでいた私は、ニューヨークの研究所から来日していた優秀な研究員の方に尋ねてみました。

「ＩＢＭにおいて、マネジャーと一般社員の違いは何でしょうか」

彼の答えは明確でした。

「Kenji、マネジャーと一般社員の違いはたったひとつしかないよ。Make decision（意思決定）するかどうかだ。もしできるならばMake decision in a second（一瞬で意思決定しなさい）。世界でも高い人件費のこの日本で、リーダーが決断できないために発生する待ち時間のコストはどこにかかってくるのか、想像してみなさい。ＩＢＭは１秒で意思決定できる、卓越したリーダーを求めているんだよ。だから君はマネジャーになるべきだ」

リーダーの仕事は意思決定をすること、しかも一瞬で決断することです。これができれば、ビジネスの効率は格段に上がるでしょう。

ただし、リーダーの意思決定がいつも正しいとは限りません。時には間違えることもあるでしょう。

でも、常に瞬断で行動していれば、失敗したとしてもやり直す時間は十分にあるはずです。自分の意思決定が遅れることによる悪影響を認識するとともに、一瞬で決断するためのインプットを欠かさないようにしてください。

勝負は一瞬。いつも最高の笑顔で

見た目は大事だ。
だから、笑顔を忘れるな。

ネルソン・マンデラ
〔南アフリカ共和国第8代大統領〕

「山元さん、優秀な人とそうでない人の一番の違いは何だと思いますか？」――メディア取材などでよく尋ねられる質問です。私はいつも「優秀な人は人間として魅力的です」とお答えしています。

過去にお会いした方々を思い返してみても、優秀な方はみなさん、素敵な人間性をお持ちでした。特に印象的なのが笑顔です。人間の第一印象はその後の関係性を決定づける力を持つものですが、優秀な方であるほど初対面の笑顔を味方につけている感覚があります。魅力的な笑顔で挨拶ができることは、最高のビジネススキルだと言って差し支えないでしょう。

ここで、「人に与える印象において、笑顔が非常に重要な役割を果たす」ということを裏づける、興味深い法則を紹介しましょう。

「メラビアンの法則」は、1971年にアメリカの心理学者、アルバート・メラビアンが提唱した法則です。メラビアンは、コミュニケーションにおいて、聞き手が話し手をどのようにジャッジしているかを実験しました。その結果、聞き手に影響する要素は言語が7％、聴覚が38％、視覚が55％だということがわかりました。つまり、「何を言うか」よりも、表情や態度、身振り手振りのほうが、相手に与える印象を左右するのです。口では「お会いできて光栄です」などと言っていても、その影響はたったの7％。笑顔がなくては台なしということですね。

とはいえ、「魅力的な笑顔で挨拶をする」というビジネススキルは一朝一夕で身につくものではありません。まずは鏡の前で〝笑顔チェック〟をすることから始めましょう。目には軽く力を入れて微笑みつつ、口角がきちんと上がっているかを確認します。

このときにイメージするのは「あなたの下で働きたくなるような、親しみやすく、素敵な笑顔」です。この人の下で働きたい、この人のために結果を出したい、この人を喜ばせたい……部下にそんなふうに思ってもらえる人になることをイメージしましょう。そして毎朝、最高に素敵な笑顔で部下を迎えるのです。「リーダーだから威厳を見せないと」などと、ムスッとした表情をするのはかえって逆効果です。

〝笑顔チェック〟をせよと言うと、「恥ずかしい」「芸能人でもないのに……」という声が聞こえてきそうですね。ですが、コロナ禍でマスク着用に慣れてしまった私たちは、自分が想像している以上に笑顔がヘタになっています。笑顔で相手の警戒心が解け、場を和ませることができるなら安いもの。ぜひ今日から〝笑顔チェック〟を毎朝の日課にしてください。

丸くとも　一かどあれや　人心
あまりまろきは　ころびやすきぞ

坂本龍馬
〔海援隊隊長〕

厳しい判断や指示ができない人はリーダー失格です。
あなたは「鈴木さん」だとしましょう。あなたの部下が、取引先の方から「鈴木さんってどんな人ですか？」と尋ねられて「鈴木さんはすごくいい人ですよ」と答えたとしたら、あなたはどんなふうに感じますか？

「いい人」というと、普段から笑顔を絶やさず、誰にでも優しい人を思い浮かべますよね。誰でも「イヤな人」よりは「いい人」と言われたいものですし、プライベートの人間関係であれば「すごくいい人」という評価は最高でしょう。

しかし、ビジネスの世界では、部下から「いい人」と言われているようではまだまだリーダーとして半人前だと思ってください。

では、優秀なリーダーは部下からどんなふうに評されるでしょうか。

「鈴木さんは品質に絶対妥協しない人です」
「鈴木さんは何があっても納期を死守する人です」
「鈴木さんはコスト管理にとても厳しくて、言い訳を一切許してくれません」

このように、単純に「いい人」ではなく、仕事に対する厳しくも真摯な姿勢が真っ先に出てくるはずです。

私は自分の部下にずっとこの話をしてきました。会社で「いい人」と言われたら終わり。「いい人」と評されたい気持ちはわかるものの、それではいけない。みんなから「いい人」と言われる人は厳しい判断も指示もせず、なんでも他人の意見に迎合するだけだ——と。これではリーダーとしてあまりに甘すぎますし、目標を達成することは決してできないでしょう。人の上に立つリーダーであれば、「自分の責任範囲に関しては絶対に妥協しない、厳しい人」という評価を得て当たり前です。

この話をすると、多くの部下は価値観を覆され、ショックを受けます。でも、こうした厳しい現実を教えるのもリーダーの役目だと思っています。

リーダーは「いい人と思われたい」という私利私欲を捨て、チームをリードして目標達成を実現しなければなりません。時には厳しい判断や指示をすべき場面もあるでしょう。最初のうちはつらいかもしれませんが、厳しい姿勢がチームのためになると信じて、その時々に最善の行動をしてほしいと思います。

愛の最高の証は、信頼である。

ジョイス・ブラザーズ
〔心理学者〕

ある調査で、世界各国のビジネスパーソンに対して「あなたはどのような職場で働きたいですか?」と質問しました。

まずはマネジャークラスの回答を見てみましょう。

一番多かったのは「給料の多い職場」。続いて第2位は「大きく、安定していて、長期的な雇用が約束されている職場」、第3位は「昇進できるチャンスがたくさんある職場」、第4位は「オフィスがきれいな職場」、第5位は「教育機会が豊富で、成長できる職場」、第6位は「厳しく育ててくれる上司がいる職場」、第7位は「個人を尊重してくれる職場」、第8位は「成果に対して正当な評価をしてくれる職場」、第9位は「困ったときは個人的な相談にも乗ってくれるような、あたたかい雰囲気のある職場」、第10位は「十分な情報共有がなされている職場」の順でした。

一方で、一般社員を対象にすると、まったく別の結果が出ています。

一番多かったのは、なんと「教育機会が豊富で、成長できる職場」。第2位以下は、「成果に対して正当な評価をしてくれる職場」「十分な情報共有がなされている職場」「大きく、安定していて、長期的な雇用が約束されている職場」「給料の多い職場」「昇進できるチャンスがたくさんある職場」「オフィスがきれいな職場」「個人を尊重してくれる職場」「困ったときは個人的な相談にも乗ってくれるような、あたたかい雰囲気のある職場」「厳しく育ててくれる上司がいる職場」の順。世界中、さまざまな調査において、似たような結果が報告されています。

最も注目してほしいのは、一般社員、つまりあなたの部下たちは「成長機会」を求めているということ。上司と部下の間でこの意識がズレていると、部下は成長できる職場を求めて離職してしまうでしょう。

このことを前提に、今日から「部下に活躍の舞台を提供し、成功体験を積ませること」を意識してください。リーダーであるあなたはおそらく、なんでもうまくこなせて、どんなに大きな舞台でも輝ける人材でしょう。でも、部下を持つ身になったら、主役はあなたではなく部下なのです。

まずは、部下の強みは何か、考えてみてください。そのうえで、その強みが発揮できる舞台を用意してあげるのです。「リーダーの背中を見ろ」「私の姿を見て盗め」ではなく、部下が主役になれる舞台をつくりましょう。リーダーはあくまで大道具係や指揮者です。

用意するのは、必ずしも大きな舞台である必要はありません。日ごろの顧客訪問のときでも、お客さまの前で部下を主役にしてあげましょう。部下が一番得意なパートを担当させれば、小さな成功体験を着実に積めるはずです。

部下の初舞台のときにはドキドキ、ハラハラするかもしれません。しかしリーダーの想像を超えて、部下は素敵なパフォーマンスを披露してくれるものです。あなたが選んだ部下なのですから、信頼して任せてあげてください。

失敗の責任は主君に、
成功の功績は家臣に。

曹操
〔武将・政治家〕

部下を成長させたいなら高い目標を与えよう。ストレッチ（背伸び）をさせれば部下はみるみるうちに成長していく――。よく言われることですね。たしかに一般論としてはそうかもしれません。高い目標を与えられ、自分で考えながら努力して、失敗しながら成長していく。これもひとつの正解でしょう。

ここでは自分の右腕や後継者になってくれるような部下の育成方法についてお話ししたいと思います。

一般的に、優秀な方はプライドが高いものです。だからこそ、大きな失敗をすると一発でつぶれてしまいかねません。だからこそ、優秀で大切な部下ほど、大きすぎる挑戦はさせず、実は繊細に育ててあげる必要があるのです。スポーツにたとえると、極端な負荷をかけすぎて肉離れを起こすようなものかもしれませんね。

優秀であればあるほど、期待も大きくなり、さまざまなことを教え、経験させたくなる気持ちはわかります。もっと大きな規模のプロジェクトを経験させたい、プロジェクトの立ち上げを担当させたい、マネジメントにも挑戦してほしい……と。でも、その部下に最適な仕事はそう簡単には見つからないですし、決して焦りすぎてはいけないということを覚えておいてください。

私が繊細な部下を育てるためにやっていたのは、その部下のための仕事を作ることです。

たとえば、大きなプロジェクトをステップ1とステップ2に分けて、片方だけを部下に担当させる。部下に最適なサイズや金額、期間の仕事を強引に作るのです。これは至難の業ですが、大切な部下を育てるためには、それくらいの努力など何の苦にもなりません。

ポイントは、焦らず慌てず、少しずつハードルを上げていくこと。少し背伸びをすれば達成できるレベルの目標を与え、それをクリアするたびにまたハードルをほんの少しだけ上げましょう。

「甘すぎる」と思う人もいるかもしれませんね。しかし、むやみやたらとストレスをかけることに意味はありませんし、むしろ部下の成長にはマイナスです。慎重に目標設定をし、できるだけ多くの成功体験を積ませて、自信をつけさせてください。

なお、目標を与えてそのまま放置も絶対にNGです。部下が目標達成に向けて取り組む姿を慎重に見守りましょう。進捗状況を細かくチェックしつつ、相手に合った形で声かけやフォローをすることが大切です。うまく相手のやる気と能力を引き出し、成果を最大化させましょう。

人が集まることが始まりであり、
人が一緒にいることで進歩があり、
人が一緒に働くことで
成功をもたらしてくれる。

ヘンリー・フォード
〔フォード・モーター創業者〕

新たな部下の採用もリーダーの業務のひとつです。

あなたは、どのような人を採用していますか？　空気が読めて波風を立てなさそうな人、穏やかで控えめな人、それなりに優秀そうな人……こんな人に目がいきがちではないでしょうか。きっと多くのリーダーは「優秀だけど押しや主張が強い人」より「能力はそれなりだけど調和性があり、マネジメントしやすそうな人」を選ぶでしょう。

その気持ちは非常によくわかります。でも、そのような採用を繰り返していては、チームは決して成長しません。


実際、私がかつて勤めていた外資系企業ではよく「Kenji、今回採用しようとしている人材はKenjiより優秀なのか？」と聞かれました。今だから言えることですが、若かった私は「私より優秀な人なんて、そんなにいないよ……」なんて思っていたものです。今思えば生意気で、恥ずかしいですね。それでも、そのように言われるまでは「一緒に仕事がしやすいか」を基準に採用していたような気がします。

自分が指示を出しやすい、イエスマンだけを採用していては、チームや会社はいつまで経っても変わりません。それよりも、勇気を出して、あなたの仕事を奪ってしまうかもしれないほど優秀な人を採用すべきです。そんな採用を続けていれば、チームや会社の実力はどんどん上がっていくはずです。

私の会社で採用した英語事業部長のBさんも、まさに「私より優秀な人材」でした。Bさんは、英語力は飛び抜けて高いのですが、日本式の仕事の仕方に慣れておらず、上司やお客さまに対する接し方も少しヒヤヒヤしてしまうようなものでした。私にも臆せず、どんどん文句を言ってきます。普通であれば、いくら優秀でも採用したくない人材かもしれません。

ただ、私はBさんの英語力や、英語に対する愛情を信じて、どうしてもBさんを成功させてあげたいという気持ちになりました。最初の数年はたしかに苦労しましたが、Bさんはやがてお客さまからも愛される、最高の英語講師に成長。今や取締役副社長として高いパフォーマンスを発揮してくれています。

自分より優秀な人を採用することに加えて、尖った人材に目を向けてみることも大切です。バランス型の部下は安心・安全ですが、まるい人だけでイノベーションを起こすことはできません。尖った人材が組織を変えていくのです。

イエスマンやバランス型の部下との仕事は心地いいものです。でも、チームや会社の発展のために、少し視座を上げてみませんか。自分より優秀な人材や尖った人材をどうマネジメントし、能力を引き出していくかが、リーダーの腕の見せどころです。

孤独はただの寂しさじゃない。
孤独こそ人間が強烈に生きるバネだ。

岡本太郎
〔芸術家〕

リーダーに必要な心構えのひとつに、〝孤独になる覚悟〟があります。よく言われることですが、階級が上がっていけばいくほど、リーダーは孤独になるものです。たとえば、社長になると、部下に相談できず、自分だけで決断・処理しなければならないことがたくさん出てきます。

私のアップル時代にも、日本とアメリカの法務部門とだけ相談をしてアクションするような案件がたくさんありました。セキュリティの関係上、部下には一切話せません。そんな日々でしたから、アップルに入社した後、半年以上はひとりでランチを取っていました。

当時のアップル・ジャパンは窮地に陥っていました。社員のみんなが頑張ってくれているのに、思うような結果が出ません。みんなそれぞれに言い分がありました。

このときの私は、「入社したばかりの山元が特定の社員と徒党を組んで、一部の人の意見だけを聞いている」という印象を与えてはいけませんので、すべての社員と一対一で面談を重ねました。その面談が全員分完了するまでは一人で昼食をとろうと決めていたのです。社長室でお弁当を食べてさあ仕事！　の毎日でした。いくら社長とはいえ、ひとりでランチをするのはとても寂しかったことを覚えています。

リーダーは、時に部下に厳しいことを言う必要がありますし、部下より給料が少し高かったりもします。もともと悪口や嫉妬の対象になりやすいと言えるでしょう。昇進する前のように、みんなと一緒にわいわい騒いで馬鹿な話をするわけにはいきません。部下たちからしても、リーダーに話せることと話せないことがあるはずです。

だから、リーダーであれば、ある程度の孤独は覚悟してください。

一人で食事をしながら仕事をすることも増えるでしょう。自分だけが呼ばれない飲み会もたくさん開催されます。悪口や嫉妬も当たり前です。

でも、決して落ち込む必要はありません。言いたい人には言わせておけばいいのです。それでガス抜きをして、いい気分で仕事をしてくれるなら安いものです。

リーダーである以上、孤独から逃れることはできないのですから、ぜひ孤独を楽しむ心を持ってほしいと思います。寂しい気持ちと向き合って、モヤモヤした気持ちをポジティブなエネルギーに変えてください。その経験は必ず今後の糧になるはずです。

第 4 章

生き方が人生をつくる

「思考・直感」

大きい事を成し遂げたいと欲するときには、
小さい事を怠らずに
きちんと仕上げていかねばならない。
なぜなら小さいことが
積もって大きな事となるからだ。

二宮尊徳
〔農政家・思想家〕

あなたの〝王道〟は何でしょうか。自分に有利な嘘はつかない、納期は絶対に守る、品質に手を抜かない、遅刻はNG、部下を裏切らない……一人ひとり異なる〝王道〟があることと思います。

いわゆる正攻法で物事を進めるのは、時に困難なこともあるはずです。

特に難しいのは意思決定。仕事以外の場面も合わせると、人間は1日に3万回もの意思決定をしているといわれています。意思決定をするときには、楽しそうで、ラクできそうな選択肢がチラチラと頭をよぎるでしょう。でも、そんなときにも誘惑に負けず、必ず〝王道〟を選んでほしいのです。

なぜなら、一見ラクができそうに思える道を採用すると、誰かの信頼を失ってしまったり、チームの結束力が弱くなったりして結局遠まわりになることが多いからです。いろいろな選択肢があっても、一番近道になるのは王道を進むことなのです。

一回くらいは大丈夫だろう。誰も見ていないから。こんなに小さな手抜きは絶対にバレないはずだ……そんな心の油断が大きな失敗につながります。実直に、愚直に、そして素直に、よそ見をすることなく王道を突き進んでください。ラクして儲ける方法も世の中には存在するかもしれませんが、自分や会社、そしてお客さまに誠実に行動することが大切です。

あえていばらの道を選ぶのはつらいものです。でも、特に若いうちは、意識的に〝迷ったら、苦労しそうなほうを選ぶ〟を習慣にするべきです。もしかしたら小さな失敗をするかもしれませんが、そこから学びを得られますし、苦労すればするほど強いビジネスリーダーになれるのですから。

孟子は、思いやりと道徳心で世を治めることを「王道」、人間の信用をあてにせず、力と偽りで人民を支配することを「覇道」と呼びました。王道においては、人民はその徳を慕って心服するので、末長い繁栄と安定をもたらします。一方、覇道においては、民衆からの支持を失い、いずれ滅びる運命にあるとしました。

インチキをすれば、必ずしっぺ返しを受けることとなります。「早く結果を出さなければいけない」「同期より早く成功したい」などと焦ることもあるかもしれませんが、どんな誘惑にも負けることなく、自分の道を歩んでください。いばらの道を進み、自分を鍛え続けた人こそが、誰からも信頼される真のリーダーになれるのです。

会社のために働くな、
自分の生活を
エンジョイするために働きにこい、
それで一生懸命やることで
会社ともどもいいといっている。

本田宗一郎
〔本田技研工業創業者〕

あなたも「この会社は終わっている」「なんであいつが昇進するんだ」「社長はいったい何を考えているんだろう」などと、会社の姿勢や方針に対する批判を口にしたことがあるのではないでしょうか。そんな人にはぜひ、次のようなことを考えてみてほしいと思います。

・自分が社長なら、「終わっている」会社をどのように変えるか？
・自分が社長なら、どんな人を昇進させたか？
・自分が社長なら、「いったい何を考えているんだろう」と言ったその意思決定や発言について、どのように行動するか？

つまり、「自分が社長だったら」という視点で、あらゆる物事を考えてみてほしいのです。視座を上げてみると、まったく別のものが見えてくるのではないでしょうか。

私は専務時代、「No・2理論」という名のもとに、仕事を好き勝手に楽しんでいたものです。社長にさえならなければ、会社員は楽しいですし、苦しみは限定的なものにとどまります。極端に考えると、営業役員は売り上げ目標を達成できれば万々歳。売り上げ目標を達成することだけがミッションで、厄介なトラブルが起こったとしても、最終的には社長が責任を負ってくれます。

私の身を振り返ると、専務時代は接待費の使い方もルーズだったと思います。社用車を使わせてもらえることも「当然だ」と思っていましたし、そこにかかる経費に関してはほとんど意識していませんでした。

しかしジョブズに出会い、アップル・ジャパンの社長という大役を任されるようになって、考え方は180度変わりました。製品の不良などにより、土下座も生まれて初めて経験しました。毎週のグローバル営業会議では、科学者のように数式を用いて販売予測をする必要がありました。もちろん、経営や人事に関する全責任は私にあります。こうした経験から、社員が「毎月給与が自動的に口座に振り込まれて当然」と考え、のほほんと働いている裏で走りまわっているのは社長なのだ、ということがわかりました。

社長の意思決定や言動に不満を覚えることがあっても、社長の立場で考えてみると、その意思決定や言動の理由が理解できるはずです。きちんと理解できたら、社長を真剣にサポートできる人になってください。

そして普段、愚痴をこぼし、被害者意識が染みついている部下にも、トップの目線で物事を考えることの大切さを教えてあげましょう。社員がみんなこの意識で行動できるようになると、会社は大きく変わっていきます。

最もよく人を幸福にする人が、
最もよく幸福となる。

立石一真
〔オムロン創業者〕

ビジネスの世界における「成功」とは、富と名声を得ることだといえるでしょう。多くのビジネスリーダーは、富と名声のためにがむしゃらに働き、熾烈な競争をし、時にはライバルの足を引っ張ります。誰しも無意識のうちに富と名声を追い求める生きものなのです。

ひるがえって、あなたにとっての「成功」とはどのようなものなのか、考えてみたことはあるでしょうか？　手にしたいお金の額は？　数千万円、数億円、それとも数兆円でしょうか。

名誉はどうでしょう。教科書に名を残したいのか、どこかで表彰されたいのか、それとも社長になれたら満足なのか……。

いずれにせよ、「成功」の具体的なイメージを即答できる人は決して多くはないはずです。富も名声も、「ほかの人より少しでも多ければいい」と、他人との比較によるものなのかもしれませんね。

次に、富と名声のためだけに一生を捧げる価値があるのか、考えてみてください。同時に、富と名声を得られれば楽しく生きていけるのか、あなたの人生に本当に富と名声が必要なのかについても、一度考えを巡らせてみてほしいと思います。

私も若い頃は「偉くなりたい」「お金持ちになりたい」と考え、人を押しのけてでも出世したいと考えながら働いてきたような気がします。

でもあるとき、娘に先立たれるという大変悲しい出来事に見舞われ、考え方が大きく変わりました。それまで仕事のことばかりを考えている人生でしたが、それよりも、自分の人生の目標に向かって、自分のペースで、自分らしく生きていくことが大切だと痛感したのです。

残念ながら、すべての人間がいずれ死を迎えます。富も名声も、墓場に持っていくことはできません。誰しも、富と名声を残して死ぬより、「本当に楽しい人生だった」と笑顔で死ぬことを選ぶでしょう。

そんな人生を送るために、富と名声だけを追い求めるのはやめて、1分1秒でも長く楽しい時間を過ごせるような生き方を選んではいかがでしょうか。

あなたが楽しい時間を過ごせば過ごすほど、まわりの人も笑顔になるはずです。まわりの笑顔が現場に活力をもたらし、そのエネルギーが製品やサービスを通してお客さまに伝わって、お客さまや、そのまわりの人を笑顔にすることでしょう。

まずは、自分はどう生きたいのかを考えてみましょう。自分と、自分の家族の幸せが実現できたら、部下や、ともに働くパートナーたちの幸せにも目を向けてみてください。

自分の"旬"がくるまで、腐らず努力を続ける

幸運は汗からの配当だ

レイ・クロック
〔マクドナルド創業者〕

地球上にいるすべての人には、同じ重力がかかっています。時間も同じ。ものすごく一生懸命に生きている人にとっても、何もせずふらふらしている人にとっても、人類に大きな貢献をした人も、そうでない人にも、1日は24時間で、1年は365日です。時間と重力はすべての人に平等に与えられているのです。

逆に考えると、重力と時間以外のほぼすべては努力によって変えられるといってもいいでしょう。毎日を被害者意識たっぷりのネガティブな気持ちで過ごすのか、それとも自分の目標を達成するために着実に努力を積み重ねるのか。同じ1日でも、過ごし方次第で結果は変わります。もし言い訳をしそうになったら「重力と時間以外は変えられる」という言葉を思い出してください。

もう一つ覚えておいてほしいのは、人生には、自分の努力や実力とは無関係の大きな〝波〟があるということです。要するに、物事には旬があり、何につけても旬を逃さないことが大切なのです。

たとえば、ITの知識・スキルや、組織を運営する力の重要性は、世界的にみると近年ますます大きくなっています。一方、日本市場だけを見てみると、コンピュータ関連の大きな会社がどんどん進出してきている感じではないですよね。時代の流れとしてはむしろ、小さな組織が立ち上がったり、スモールビジネスが勢いを増したりしているように感じられます。今後は、もしかすると、伝統的な企業よりも若くて元気のある企業のほうが〝旬〟になるのかもしれません。

どんな会社であっても、そのとき〝旬〟のビジネスを展開したいものですから、〝旬〟の技術や知識を持っている人材を求めます。だから、今後、ビジネスの世界を生き抜いていきたいと思うなら、〝旬〟を見きわめ、リスキリングを繰り返す姿勢がかかせません。

ビジネスは野菜や果物とは違います。毎年必ず一回は〝旬〟がくるわけではありません。もしかすると、あなたが生きている間に、自分自身の〝旬〟はたった一度しかやってこないかもしれません。自分の実力のピークと〝旬〟が重ならない可能性も大いにあります。

それでも腐らず、自分で自分の〝旬〟を作り出すくらいの気持ちで努力を続けてほしいのです。努力がすぐには実らなくても、自分の目的や方向性を見失わないようにしつつ、市場の需要には柔軟に対応できるようになってください。

また、誰かと自分を比べて落ち込んでしまうときは「今は〝旬〟ではないだけだ」と思うようにするのもひとつの手です。うまくいかなくても、不運を嘆くのではなく、前を向いて歩みを進めてほしいと思います。

本物の人格は、
安楽と平穏からはつくられることはない。
挑戦と失敗の苦しみの経験を通してのみ、
精神は鍛えられ、夢は明確になり、
希望が湧き、そして成功が手に入る。
こうして初めて本物の人格が手に入るのだ。

ヘレン・ケラー
〔教育者・社会福祉事業家〕

人間には「変化を起こし続ける人」と「変化に追従していく人」の2種類がいます。圧倒的に多いのは後者でしょう。人生100年生きたとしても、変革者に出会うことはほとんどないはずです。あなたは自分をどちらのタイプだと考えますか？

ジョブズはまさに前者、変革者タイプの人物でした。でも変革者のすべてが生まれつき変革者だったわけではありません。あなたにもきっと、変革者の要素が備わっているはずです。

とはいえ、「時代を変えたい」「世の中をもっとよくしたい」と考えても、行動を起こせている人はほんのひと握りです。まずは自分の考えや理想に従って、行動に移してみませんか。のちに大きな変化につながるとしても、最初の一歩は思いのほか小さいものです。Aがうまくいかなかったら、Bはどうか。Bでもダメなら、Cはどうか……といったふうに、これまでと違うやり方や考え方を試し続ければ、やがて大きな変化が起こるでしょう。

変化を起こそうとする人に対して、周囲の人は「変なヤツだ」「絶対にムリだ」などと批判するかもしれません。それもそのはず、人間にとって、変化は恐ろしいものだからです。変化を恐れ、今の場所にとどまりたいと思うからこそ、変化を起こそうとする人間を敵視し、変化を妨げようとするのです。

でも、彼らの妨害に屈してはいけません。最初は周囲から反対されたとしても、あなたが起こす変革は、やがて私たちの生活をより豊かに、より楽しく、より便利に変えてくれるのですから。変革がもたらしたいい変化を享受して初めて、周囲の人はあなたを称賛するようになるでしょう。歴史を振り返っても、「天才」「英雄」と呼ばれる人の多くは、はじめはクレイジーな人だとされていました。

Think Different（人とは違う考え方をせよ）

これは1997年にジョブズが発信したメッセージです。1997年というと、彼がアップルを追放された後、アップルに復帰した年です。当時のアップルは破産寸前でしたが、ジョブズの手で見事によみがえりました。

アップルはもともとコンピュータの製造・販売をする会社でしたが、大きく変革をし、事業の幅を広げました。もしこの変革がなければ、アップルは倒産していたかもしれません。

当たり前を疑い、工夫を凝らせば、もっとお客さまを感動させることができる。世の中がもっと楽しくなる。もっと効率的に物事が進むようになる。そのことを理解して、自分こそが世の中を変えられると信じることのできる人だけが、変革者になれるのです。周囲からどう批判されようと、自分を信じ、我が道を進んでください。

私は、この世を、めいめいが
何か一役ずつ演じなければいけない
舞台だと思っている。

ウィリアム・シェイクスピア
〔劇作家・詩人〕

どんな組織にもリーダーはいますが、ひと口にリーダーと言っても、組織の大小や性質によってその職務はさまざま異なります。裏を返せば、その人のスキルや能力、適性によって、力を発揮できる場所が異なるということです。小さな組織であればうまくやっていけても、大きな組織のリーダーは務まらない人もいるでしょう。このことを認識したうえで、自分が最も輝ける場所に身を置くことを大切にしてほしいと思います。

受験勉強を例にするとわかりやすいかもしれません。日本では「偏差値が高い学校＝いい学校」と考えられがちであるため、少しでも偏差値の高い学校に入ろうと、一生懸命受験勉強をする人が多いものです。

しかし、あまりに背伸びをした学校に合格すると、入学した後が大変ですね。自分よりはるかに優秀な同級生たちに囲まれて、自己肯定感が下がり、学校生活を楽しむ余裕もなくなってしまいます。そこから一念発起して、めきめきと力を伸ばしていけたらすばらしいですが、実際はなかなか難しいものです。

ここで伝えたいメッセージは、〝身の丈に合った場所で輝きましょう〟〝むやみに上を目指すより、今いる場所をもっと楽しくする方法を考えましょう〟ということ。

「できる限り優秀な組織で働きたい」「できる限り出世したい」という考え方も一理ありますが、無事にその願いが叶ったとしても、ムリをすることになり、あなたのすばらしい能力を十分に発揮できない可能性も出てきます。それならば、自分の身の丈に合った場所に所属し、期待された以上の働きをして、着実に力を伸ばしていくという選択肢を持ってみてはいかがでしょうか。

自分の身の丈に合った組織、リーダーとして持てる力を最大限発揮して活躍できる組織とはどのようなものなのか。売り上げや人数、社風などの観点から、ぜひ一度考えてみてください。

もちろん「最初はつらくても、背伸びを続けていればやがて実力がつき、活躍できるようになる」「もっともっとと、よりレベルの高い場所を目指して転職を続けるべきだ」という考え方もあるでしょう。そういう時期もたしかに必要かもしれませんが、ずっと背伸びを続けることはできません。それよりも、今の仕事をもっと健康的に楽しみ、今の組織をさらに伸ばしていくほうに目を向けてみてはいかがですか。

心身ともに健康で、あなたらしく、自信を持って率いることのできる組織に身を置くことも、ひとつの人生戦略です。他人の評価軸はいったん脇に置いて、あなたが一番幸せでいられる生き方を描いてみませんか。

私たちは、
世の中から得たもので生きていくが、
当然のこととして、
世の中に貢献することで
人生を送らなければならない。

ウィンストン・チャーチル
〔イギリス第61・63代首相〕

まもなく戦後80年が経ちます。先人たちのおかげで、日本は驚くようなスピードで復興を遂げました。成長速度が鈍くなっているとはいえ、先進国であることに変わりはありません。

その一方で、エネルギー問題や食糧問題をはじめ、さまざまな課題があるのも事実です。私たちの世代は持ちこたえられるかもしれませんが、これから先、子や孫の世代はどうでしょうか。今のような暮らしはいつまで続けられるのでしょうか。

私はそろそろ、未来のために新しい戦略を考えるべきタイミングだと思います。この地球は私たちだけのものではありません。臭いものに蓋をし、問題を先送りにするのはやめましょう。リーダーたるもの、「自分たちさえよければいい」という考えからは卒業して、「未来の世代にバトンを渡すために今何をすべきか」という考え方にシフトしたいものです。

成功者には社会貢献の義務がある――私はそう考えています。

実は私自身、多くの税金を払っていることに被害者意識を持っていた時期がありました。この意識を変えてくれたのは、アメリカ出身の友人のひと言でした。

私が「よくそんなに高額の税金を納めるね」と言うと、「Kenji、誰かがこの国を支えていかなければならないんだよ」「成功した人は、そうでない人の分まで納税するのが当たり前じゃないか」と返してくれたのです。

この言葉を聞いて、恥ずかしい気持ちになりました。一生懸命働いて組織をリードして売り上げと利益を上げ、税金を納めることによって、社会に貢献する。これはリーダーの義務なのです。

ぜひ、大きな売り上げと利益を上げ、組織に貢献してください。納税を通して、この国に貢献してください。優秀なあなたならできるはずです。

もう一つお願いしたいのは、いくら忙しくても選挙に行くこと。この国を少しでもよくしたいなら、選挙に行って、適切な政治家を選ばなければなりません。

若者が投票しないと、若者のためになる政策はいつになっても採用されないままです。投票しない人は、政治に文句を言う権利はありません。

自分たち、そして自分の子や孫の世代の未来をデザインする心持ちで、若者こそ選挙に行きましょう。「自分が投票してもどうせ変わらないから」などと言わず、政治に関心を持ち、自分たちの未来を決定するプロセスに参画しましょう。

未来は、「今、我々が何をするか」にかかっている。

マハトマ・ガンジー
〔弁護士・政治指導者〕

私は、失敗には2種類あると考えています。

新しいことや未体験のことに立ち向かった末の「攻めの失敗」と、それまでと同じように試してうまくいかなかった「守りの失敗」です。

ぜひ攻めの失敗をたくさんしてください。大けがになる前にアクションを取れば、大変なことにはならないはずです。小さな失敗を繰り返して「違う作戦のほうがよかったな」「メンバーの人数が足りなかったかな」「経験不足だったな」「事前にもっと情報収集すべきだったな」などと教訓を得て、次の挑戦に生かすことによって、人は鍛えられていきます。同じ失敗を繰り返さなければいいのです。

「The only constant is change. これは私の座右の銘です。私流に訳すと、「地球上でたったひとつの真実は変わり続けるということだけ」。世の中はすごい勢いで変化を続けています。そんな時代にあって、過去の成功にしがみつくような生き方はもはや通用しません。生き残れるのは、優秀な人ではなく、時代に合わせて進化し続けられる人なのです。現状に満足せず、常に改善点を考えて実行に移す姿勢が、未来を切り拓きます。

しばらく同じ仕事を続けていると、ある意味で心地いい状態になるかもしれません。十分な利益が上がっている。立派なデスクと椅子が用意されている。部下が自分のためにあれこれと動いてくれる。気心の知れた同僚とあうんの呼吸でコミュニケーションがとれる……。このような心地いい状態は、ひょっとしたら成長が止まっているサインかもしれません。

私も過去に一度だけ、心地いいと感じたことがあります。ＩＢＭの開発製造部門にいて、ある日「今日、何をしようかな」と考えた自分に気づいたのです。いくらＩＢＭという会社が好きで、一緒に仕事をする仲間が好きでも、同じ仲間と同じ仕事をずっと続けられるわけではありません。私はこのとき、環境を変えたほうがよさそうだと気づきました。

人間は変化を恐れる生きものです。でも、成長を求めるなら安定した地位にしがみつくような生き方はやめましょう。今の仕事やポジションは部下にバトンタッチし、もっと難しい仕事にチャレンジしませんか。これまで努力して手に入れたものを捨てなければならないかもしれませんが、チャレンジを通してこそ人は成長します。

The only constant is change.
この言葉を胸に刻み、変化を起こして、新しい自分に出会いましょう。

自分の運命は
自分でコントロールすべきだ。
さもないと、
誰かにコントロールされてしまう。

ジャック・ウェルチ
〔実業家・GE元CEO〕

人間の一生は「選ぶ」と「選ばれる」の連続です。入社面接、プロジェクトのアサイン、昇進・昇格……さまざまなシーンで、あなたは周囲から選ばれますし、部下やパートナーを選びます。

あなたは自分がなぜリーダーに選ばれたのか、プロジェクトにアサインされたのか、考えたことはあるでしょうか？　あなた自身にはわからないかもしれませんが、上司からするときっと明確な理由があるはずです。

・あなたの普段の言動から、リーダーの素質があると考えたから
・後輩の面倒見がよく、慕われている様子が見て取れたから
・会議のファシリテーションが円滑だったから
・「●●のプロジェクトに興味があります」と公言していたから
・数字に強いから

これらは一例ですが、きっと、普段の実績や仕事への取り組み方、発信から作り出されている、あなたの「パーソナル・ブランド」を見てアサインしているはずです。

だからぜひ、「こんな仕事に興味がある」「今後、このような経験を積みたい」という考えがあるのなら、ぜひその点を積極的にアピールしてください。

「パーソナル・ブランドなんて、考えたこともなかった」という人は、まず「自分の強み」「今後目指すキャリア」「挑戦してみたい領域」を書き出してみることから始めましょう。そして、強みを磨きつつ、上司との1on1やキャリア面談で話してみたり、同僚との何気ない雑談や飲み会で話題にしてみたりするのです。

「アピールなんて恥ずかしい」という、控えめな人もいるかもしれませんね。ですが、上司も人間ですから、部下一人ひとりの適性や希望をすべて把握できるわけではありません。「私にはこんな強みがあります」「もっとチャレンジしてみたいです」と積極的にアピールしてくる部下をいいポジションに配置してやりたい、チャンスをあげたいと思うのは当然のことでしょう。その部下が仕事に積極的である様子が見て取れるのであればなおさらです。

選ばれる人間には、選ばれる理由があるのです。

もちろんあなたがリーダーとして、部下をアサインするときも同様です。部下の強みや希望を把握して、適切なプロジェクトにアサインし、部下の力を引き出すこと。決して簡単なことではありませんが、これができるリーダーは部下から慕われます。

人生の目的を達するための、
一番基本となる条件は、
何といっても健康であります。

松下幸之助
〔パナソニックグループ創業者〕

意外かもしれませんが、30年以上ビジネスの世界で戦ってきた私がいま、一番大切だと考えている要素は「体力」です。

あなたは体力に自信はありますか。この5年、10年で、体調不良が原因で仕事を休んだり、仕事で全力を出せなかったりしたことは何度ありましたか。「体力が落ちて、仕事に支障が出ているな」と感じることはありますか。

体力はすべての仕事の基本です。いくらやる気と実力があっても、体力がついていかなければ、100%の力を出し切ることはできません。やりたかった仕事を断ったり、プロジェクトの途中で退場せざるを得なくなったり、周囲に気を配る余裕がなくなったりすることもあるでしょう。

役職が上がり、責任が重くなるにつれて、体力の消耗も激しくなっていきます。一つひとつの意思決定にエネルギーが必要になるとともに、配慮すべき事項が増え、参加すべき会議も増えますからね。加齢による体力の低下も無視できません。

ある程度年齢を重ねると、体力を大きく向上させるのは難しいでしょう。それよりも、体力が低下するスピードを少しでも抑え、心身の調子をいつも一定に保つことを目指すべきです。

心身の調子を保ち、パフォーマンスを安定させるために、まずは毎日の生活習慣を整えることから始めてはいかがでしょうか。

何より大切なのは、食事です。食べるものが身体をつくるのですから、食事には気を使いましょう。お酒も適量に抑えます。

次に、睡眠です。「徹夜して根性で仕事を終わらせる」という時代はもはや過去のものとなりました。十分な睡眠を確保して気力と体力を回復させ、効率よく仕事をするのもリーダーの務めです。

最後に、運動です。ジムに行ったり、ジョギングをしたりすることも一つの手ですが、忙しい中でまとまった時間を確保するのは難しいもの。エレベーターではなく階段を使う、座りっぱなしを避けて1時間に1回はストレッチをする、軽い打ち合わせは歩きながらにする、タクシーより電車や徒歩を選ぶ、電車の中では座らないなど、意識的に身体を動かすようにしましょう。

私の経験を思い返しても、重要なプロジェクトにアサインするのは、体力がある社員だった気がします。ビジネスパーソンとして、第一線で長く活躍し続けるためにも、ぜひ身体には気を配ってください。

優れた質問は知恵の半分といえる。

フランシス・ベーコン
〔神学者・哲学者〕

リーダーに身につけてほしい思考習慣は、常にWHYを7回繰り返すこと。
たとえば、あなたが大きなプロジェクトにアサインされたとしましょう。

(1) なぜ自分がこのプロジェクトにアサインされたのか。
↓プレゼン力があるから。
(2) なぜこのプロジェクトにはプレゼン力が必要なのか。
↓ステークホルダーが多く、各所との調整が必要だから。
(3) なぜステークホルダーが多いのか。
↓社会的・ビジネス的なインパクトの大きいプロジェクトだから。
(4) なぜ社会的・ビジネス的なインパクトが大きいのか。
……といった具合に、思考を掘り下げていきます。
また、横に思考を広げていくのもいいでしょう。
(1) なぜ自分がこのプロジェクトにアサインされたのか。
(2) なぜこのお客さまとこのプロジェクトを推進すべきなのか。
(3) なぜこのメンバーなのか。
(4) なぜこのコストなのか。

……と、考えることはたくさんあります。

日本人はＨＯＷが大好きです。理由や目的を突き詰めることなく、「こうすれば成功する」というＨＯＷに目がいっているように思います。書店にもＨＯＷに重きを置いたビジネス書がたくさん並んでいますよね。

もちろんＨＯＷも大切ですが、誰かのＨＯＷをそのままコピーしてうまくいくほど、ビジネスは甘くありません。「なぜそれをやるのか」「なぜその目標なのか」というＷＨＹを突き詰めて考えてこそ、そのプロジェクトに取り組むべき内容に腹落ちできるとともに、ＨＯＷが決まってくるのではないでしょうか。私の経験上、ＷＨＹを7回繰り返せば、ＨＯＷはおのずと見えてきます。

お客さまとのミーティングの帰り、部下から不思議な質問を受けたことがあります。

「山元さん、今回の提案書はパワーポイントで作っていいですか。何ページぐらいにしたらいいですか。色は何色ぐらいですか」

私は部下に「ＨＯＷは後でいいから、まずはＷＨＹを考えてみましょう。なぜ私たちがこのお客さまに提案すべきなのか、なぜ私たちでなければいけないのか。提案書の見せ方は、後から考えればいいのです」と伝えました。

あなたのまわりにも、ＷＨＹとＨＯＷが逆転した会話があふれているのではないでしょうか。目的と手段が入れ替わっていないか、常に立ち止まって考えるクセをつけてください。

まず世界が必要としているものを
見つけ出す。
それから先へ進んで
それを発明するのだ。

トーマス・エジソン
〔発明家〕

あなたにとって「グローバルにビジネスをする」とはどのようなことでしょうか。世界中で自社の製品やサービスを販売すること、海外に工場や営業所をつくること、別の国で生まれ育ったメンバーとともに働くこと、海外の企業と協業して新しい製品やサービスを生み出すこと……。

まずは、あなた自身や自社の定義を考えてみてほしいと思います。正解はありません。実現可能性もいったん脇に置いて「自分はどうしたいのか」「理想はどのような状態か」を描いてみることが大切です。

グローバルに考えることができれば、ビジネスで世界を変えることも可能です。

近年、ビジネスで世界を変えた人物といえば、真っ先にスティーブ・ジョブズの名前が挙がるでしょう。私はそんなジョブズが世の中を変える瞬間を同じ会社で体験するという幸運に恵まれました。

iPhoneの前身となるiPodが世の中に登場したのは2001年。音楽が好きな人は世界中にたくさんいて、熱心な音楽ファンは1000曲ほどの楽曲をライブラリに持っているというデータがありました。その1000曲を持って出かけ、そのときの気分に合う曲を聴けたら——。そんなアイデアから生まれたのがiPodでした。

初代iPodには白黒のディスプレイしかなく、画像の表示もできませんでした。でも、世界中のお客さまから「ウィンドウにCDジャケットを表示させたい」というリクエストがたくさん届いたのです。それを見事実現し、カラーの静止画を表示できるiPodが登場しました。これによって、大切な人の写真をiPodに表示させることも可能となりました。

静止画が表示できるようになると、次は動画を見たくなります。あれこれと工夫を凝らし、小さなiPodで映画やミュージックビデオが見られるようになり、ゲームも利用可能になりました。すると大きな画面が必要になり、iPod touchという大画面のiPodが生まれます。ここからiPhoneのアイデアが出てきました。

携帯電話でしょっちゅう電話をかけるわけではないのだから、電話したいときだけキーボードが表示されたらいいのではないか——。それがジョブズのアイデアでした。アメリカやヨーロッパでiPhoneが発売されたのは2007年、iPodの登場からわずか

6年後のことでした。

世界を変えたiPhoneは、これまでアップルが持っていた技術を組み合わせ、お客さまのニーズに応える形で生まれたものです。世界を変えるチャンスは、特別な人だけに与えられたものではありません。好奇心や探求心、情熱があれば、誰でも世界を変えられるのです。

「相手を感動させること」がビジネスの基本

いちばん大切なのは
「お客様に感動を与える」
ということである。

小倉昌男
〔クロネコヤマト宅急便創始者〕

ビジネスの基本は、お客さまの期待を超え、感動させることです。私はこのことをアップル時代に学びました。

ジョブズがよく話していたことがあります。アメリカは国土が広くて、移動が大変な国である。頻繁に家族に会えない人がお孫さんのかわいい写真を見る手段として、コンピュータ機器はもっと貢献できるはずだ。今のように、ネットワークの接続が難しかったり、たくさんのボタンを操作しなかったりしないといけないようではダメだ。ボタンひとつ、もしくは何もせず、お孫さんの写真を見られる仕組みを作らないといけない――。こうして生まれたのがiPodであり、iPadであり、iPhoneだったのです。お金儲けをしたい、この金額で売りたい、他社のこの機能をマネしたいといった話は一切ありませんでした。

私はジョブズのもとで働いたことで、「人を感動させるために～」「人を驚かせるために～」「お客さまの期待を超えるために～」といった会話によって、誰かを感動させるすばらしい製品やサービスが生まれるということを実感しました。そして、感動したお客さまは、製品やサービスへの愛着を深め、リピート顧客になってくれます。

お客さまを感動させる製品について教えてくれた、アップルの事例をもうひとつ紹介しましょう。

アップルでは、年に一度、3日間にわたって、ジョブズが全世界の社長を招集する会議があります。ある年、その会議の場でiPhoneについて初めて知らされました。

私の頭には不安がよぎりました。これまでのiPodで実現していた機能をすべて備えた携帯電話は、とても魅力的な製品になること間違いなしだ。一方で、日本ではお財布機能が搭載されている携帯電話が一般的になっている。この便利な機能を備えていなければ携帯電話とは言えないのではないか——。私は恐る恐る、少し期待もしながらジョブズに質問しました。

「Steve、日本では携帯電話にお財布機能がないと勝負にならない。これに関する戦略はどうなっていますか」スティーブは即答でした。「Kenji、アメリカではお財布携帯は必要ない」

私は「日本でだけiPhoneの戦略が失敗するのではないか」と、発売までの数年間、夜も眠れないくらい悩みました。ところが2008年、iPhoneが発売されてみると、私の不安は一瞬でかき消されました。それまでの携帯電話の延長線上ではなく、まったく新しい価値観を持った製品として、iPhoneは広く受け入れられたのです。

これまで当然のように使用されていた機能をバッサリと切り捨てるのは、なかなかできることではありません。しかし、当たり前だった機能を捨てたとしても、大きなワクワク感を演出できればまったく新しいビジネスが生まれるのです。あれもこれもと欲張るのではなく、時には捨てる勇気を持ち、お客さまを感動させることにフォーカスすることの大切さを体験した出来事でした。

人生を
生きる価値のあるものにし給え。

アルベルト・アインシュタイン
〔理論物理学者〕

これまでの日本では、幸せの形がひとつしかありませんでした。受験勉強を頑張っていい学校に入り、いい会社に就職する。結婚してマンションを購入し、子どもができたら念願のマイホームを購入。ローンを返しながら定年まで同じ会社で働いて、60歳で退職金をもらい、退職金と年金で悠々自適に暮らす……といったものです。

こうした幸せの形に合わせて、自動車会社もうまく宣伝をしていました。トヨタの「いつかはクラウン」というキャッチコピーを聞いたことがある方は多いでしょう。定番はカローラだけれども、一生懸命働いていつかクラウンに乗りたいと、消費者に夢を見させていたのです。「クラウンに乗っている＝成功者」だと日本中が信じていました。

一方で、現代においては、幸せや成功の形は多様化しています。上司や先輩、親御さんから「大人ならクルマを持つものだ」「早く結婚しろ」「結婚したら子どもをつくれ」「子どもができたらマイホームを買え」と、かつての〝当たり前〟を押しつけられても、その通りには行動しない方も多いのではないでしょうか。

特に都市部の若者は、クルマも一軒家も特別ほしくないように見えますし、「女性は

25歳まで、男性は30歳までに結婚しなければ」と考えている人もほとんどいないようです。幸せや成功の定義は人それぞれで、もはや過去の価値観をコピー&ペーストできる時代ではないのです。

ただ人生において、仕事が占める割合が大きいことには、今も昔も変わりありません。なればこそ、ビジネスの成功は、今でも幸せ実現における重要な要素だと言えるかもしれません。仕事がうまくいかなければ気分が上がらないし、仕事が順調であればプライベートでもいい気分。それは現代人も同じでしょう。

とはいえ、1日24時間365日ずっと仕事をしているわけではありませんし、いつか仕事を退職する日もやってきます。あなたにとって、仕事の成功以外の幸せはどのような形か、考えてみませんか。そしてぜひその幸せを追求してほしいのです。

同様に、リーダーであれば、自分の価値観を部下に押しつけることがないよう注意しなければいけません。人それぞれに幸せや成功の定義は異なります。「自分はこう思うから」といっても、相手も同じように考えているとは限りません。時代による価値観の変化に敏感でいてください。相手の価値観を尊重し、お互いの考えをうまくすり合わせられるのが、一流のリーダーです。また、価値観の異なる相手とともに働く経験は、必ずビジネスにも生きるでしょう。

神は細部に宿る。

アビ・ヴァールブルク
〔美術史家〕

あなたのまわりに〝本物〟と思える人は何人いますか。じっくり考えてみると、世の中に優秀な人はたくさんいても、〝本物〟とまで思える人は意外と少ないことに気づくのではないでしょうか。出会った頃はすばらしい人だと思ったのに、トラブルが発生して関係が変わってしまうこともあるでしょう。

〝本物〟に出会うことによって人は成長します。理論や知識を学ぶだけではなく、実際に人と出会い、人から学ぶのです。〝本物〟の数は決して多くないはずですから、とにかくたくさんの人に会って、〝本物〟と出会える確率を上げてください。

私にとっての〝本物〟といえば、やはりジョブズです。ジョブズは、私利私欲にとらわれず、テクノロジーの力で人間の生き方を変えることに命を懸けていました。その姿を見ているだけで感動し、自分も頑張ろうと思わされたものです。ジョブズのようなすばらしい人物に出会えたことが私を強くし、「日ごろの苦しさや大変さも彼に比べたら大したことはない」と思えるようになりました。

あなたにとって〝本物〟とは誰ですか。具体的に思い浮かぶ人はいますか。そうした人たちの共通点は何ですか。一度じっくり考える機会を持ってみてください。
この作業を通して、自分の中の〝本物〟の定義が明確になるはずです。これができれば、自分が〝本物〟に近づきやすくなるでしょう。〝本物〟のどんな点が優れているのかがクリアになり、どうすれば相手の優れた点を吸収できるのか、想像できるからです。

ビジネスにおいて、人脈に勝る財産はありません。とりわけ〝本物〟との出会いはこれ以上ない財産になります。
ここであえて人脈を強調するのは、私の経験からです。アップルを退任後、若い方が経営されているベンチャー数社の顧問を引き受けました。多くの顧問先では営業支援、つまりお客さまの紹介を担当します。どの会社にもすばらしい発想力や技術力を持っている人はいますが、若いメンバーであるゆえ、人脈がなく、新規開拓が難しいためです。

テクノロジーがこれほど発展し、これまでとは比べものにならないくらいコミュニケーションの速さが上がった時代においても、人と人が信頼関係を築くためにはそれ相応の時間が必要です。コミュニケーションを重ね、成功や失敗をともに共有することで人脈はつくられます。また、すばらしい人脈を築くには、自分自身がすばらしい人にならなければいけません。これから先も、この事実は決して揺るがないでしょう。

〝本物〟との出会いによって自分を磨き、〝本物〟に釣り合う人になってください。そうすれば、豊かな人脈を築くことができるでしょう。

おわりに

ここまで読んでくださり、本当にありがとうございます。

「リーダーとしてもっと経験を積もう」「世界を変えるリーダーになる！」などと、明るい気持ちになってもらえたらうれしく思います。

本書を執筆するにあたり、私自身、あらためて自分のビジネス哲学にじっくりと向き合いました。挑戦とは何か、お客さまを感動させるにはどうすればいいか、成長できる職場をいかにつくるか——。さまざまなリーダーたちの名言と向き合い、これまでのビジネス経験と突き合わせていく中で、自分自身のことをさらに深く知れたように思います。

今後の活動について思いをめぐらせることができたのも、大きな収穫でした。これまでどおり、中小企業のリーダーのみなさんに覚悟108®を「語り部」として語り継いでいきたい。これからの日本・世界を担う若いみなさんに、講義をさせていただいたり、一緒にお話ししたりする機会をより増やしていきたい。現代のリーダーたちと講演会などで直接お会いし、考えや悩みをうかがって、自分に提供できるものを探したい。世界を変えるリーダーを育成するために、英語教育にももっと力を注ぎたい。その決意がますます揺るぎないものとなりました。

もう1つ、読者のみなさんに宣言させてください。

私のこれからのミッションは**「未来の日本に求められるリーダーを育成し、日本と若者を元気にする」**とします。覚悟108®や講演活動を通して、本気でミッション実現を目指すと誓います。

日本は高齢化の一途をたどっていますが、その一方で、世界の人口は破竹の勢いで増加し続けています。日本だけに目を向けていては勝機はありません。**変わりゆく日本を嘆くのではなく、この地球の一員として、よりよい世界をつくろうという気概のあるリーダーを育成したいのです。**

私がどのようにこのミッションを達成していくのか、見守っていただけたら幸いです。

最後に、スティーブ・ジョブズがスタンフォード大学の卒業式で行った伝説のスピーチから、読者のみなさんに贈りたい名言を紹介しましょう。

The only way to be truly satisfied is to do what you believe is great work. So keep looking until you find it. Don't settle.

私なりに日本語にしてみると、**心から満足するための唯一の道は、「すばらしい」と信じられる仕事をすることだ。だから、そう思える仕事を探し続けなさい。決してあきらめてはいけません**——という感じでしょうか。

私はこの言葉に非常に共感します。**自分の仕事の可能性を信じていないと、仕事に情熱を注ぐことはできず、成果も出せないでしょう。**

あなたは今、自分の仕事に満足していますか？

満足していないなら、満足できる仕事を探す努力をしていますか？

あなたの部下は、自分の仕事を「すばらしい」と信じられているでしょうか？

あなたにとって「すばらしい」と信じられる仕事とはどんなものでしょう？

今日が人生で一番若い日です。**よりよい人生を送るための第一歩を、今この瞬間に踏み出してください**。あなたの一歩が、日本と世界を変えるのです。

山元賢治（やまもと・けんじ）

株式会社コミュニカ　CTO兼Founder

1959年生まれ。神戸大学卒業後、日本IBMに入社。日本オラクル、ケイデンスを経て、EMCジャパン副社長。2002年、日本オラクルへ復帰。専務として営業・マーケティング・開発にわたる総勢1600人の責任者となる。2004年にスティーブ・ジョブズに指名され、アップル・ジャパンの代表取締役社長に就任し、iPodビジネスの立ち上げからiPhoneを市場に送り出すまで、国内の最高責任者としてアップルの復活に大きく貢献。現在は株式会社コミュニカのCTO兼Founderとして自らの経験をもとに、「これからの世界」で活躍できるリーダーの育成、英語教育に力を注いでいる。著書に、『ハイタッチ』『外資で結果を出せる人 出せない人』（共に日本経済新聞出版社）、『「これからの世界」で働く君たちへ』（ダイヤモンド社）、『情熱を注いで、働く』（大和書房）などがある。

株式会社コミュニカ
https://communica.co.jp/

世界《せかい》の先人《せんじん》たちに学《まな》ぶ次世代《じせだい》リーダー脳《のう》

2023年８月2日　第1刷発行
2023年10月6日　第2刷発行

著者　山元賢治《やまもとけんじ》

発行者　寺田俊治

発行所　株式会社 日刊現代
東京都中央区新川1-3-17　新川三幸ビル
郵便番号　104-8007
電話　03-5244-9620

発売所　株式会社 講談社
東京都文京区音羽2-12-21
郵便番号　112-8001
電話　03-5395-3606

印刷所／製本所　中央精版印刷株式会社

装丁デザイン　井上新八
本文デザイン　華本達哉（aozora）
編集協力　ブランクエスト

C0036

ISBN978-4-06-532903-0